Orna Ralston

Herzschlag und Trommel

Orna Ralston

Herzschlag und Trommel

Edition Spuren

Edition SPUREN
Bahnhofplatz 14, CH-8400 Winterthur
edition@spuren.ch www.spuren.ch

Coverabbildung:
Alfonso R. Manzanares, www.almaportraits.com
Lektorat und Buchgestaltung:
Martin Frischknecht

Printed in Czech Republic
Druck und Bindung: Finidr
ISBN 978-3-905752-83-0

Inhalt

Vorwort

In einem Land zu einer Zeit wurde mir etwas zugetragen, das es zu dieser Zeit in diesem Land eigentlich nicht gibt. Es wurde mir gesagt, dass ich Schamanin sei.

Menschen kann man umbringen, Talente nicht. Diese werden weitervererbt und irgendwann, vielleicht viele Generationen später, machen sie sich wieder in einem neuen Menschenkind bemerkbar. Dieses Irgendwann war bei mir vor vielen Jahren. Das Talent war mehr als intakt. Mein Verstehen und das meiner Umwelt aber alles andere. Was ist eine Schamanin? Was macht eine Schamanin zu einer Schamanin? Ich hatte keine Ahnung. Meine Verwandten, Lehrer, Freunde, Bekannten et cetera ebenso wenig.

Darum erzähle ich hier diesen Teil meiner Geschichte. Vielleicht hilft es anderen, nicht so sehr im Dunkeln tappen zu müssen wie ich in den vielen Jahren davor. Die Bilder und Erzählungen von indigenen Schamanen, die in fernen Ländern durch Röhrchen Wunden aussaugten, waren mir nämlich keine Hilfe. Die sind zwar äußerst interessant und eine wichtige Informationsquelle für unser momentanes Verstehenwollen, wie Heilung geschehen kann. Aber … – mit denen sollte ich mich identifizieren?! Was heißt es, hier mit dem Wesen einer Schamanin in die heutige Zeit hineingeboren zu werden? Ohne Stamm und Tradition, in die man eingebettet wäre …

Vielleicht kann ich mit meiner Geschichte ein klein wenig dazu beitragen, von traditionellen bis märchenhaften Vorstellungen über Schamaninnen und Schamanen durch reale Begebenheiten in unserem modernen Alltag Tatsachen zu schaffen, die auch in unsere Zeit hineingehören.

Mein Name ist Balu

Ich heiße Balu. Balu wie der Bär. Mein Vater hat mich immer so genannt. Ich kann mich gar nicht erinnern warum. Aber ich hatte schon immer eine spezielle Liebe zu Bären. Vor allem für meinen Teddybär. Bis zu meinem ersten Lebensjahr war er größer als ich. Vielleicht auch bis zu meinem zweiten. Dies verstärkte mein Gefühl, einen echten Freund zur Seite zu haben. So auf gleicher Höhe. Für mich war mein Teddy lebendig, und ich begrüßte ihn immer als Ersten, wenn wir von einer unserer vielen Reisen zurückkehrten. Er roch nach Geborgenheit, nach Umarmungen, nach Vertrautheit. Mit der Zeit wurde sein linker Arm immer dünner, da ich mich nachts darauf legte. Mich störte das nicht, denn es zeugte von seiner Liebe zu mir, dass er Nacht für Nacht etwas mehr von seinem vollen Haar hingab. Es war hellbraun und sehr dicht. Sein Kopf war nicht rund, sondern eher ein wenig quadratisch. Das gefiel mir, da es mehr Fläche bot. Mehr zum Kuscheln und Streicheln.

Als ich viel später rausfand, dass er aus Schaffell gemacht worden war, befremdete mich das. Er war doch ein Bär! Mein Bär. Mein alter stumpfnasiger, gutmütiger Freund. Mit ihm konnte ich mich sicher fühlen. Denn nachts, wenn ich auf die Toilette musste, brauchte ich meinen Bären.

Wir wohnten in einem Jugendstilhaus, das schon hundert Jahre Familiengeschichte in sich beherbergte. Die Luft fühlte sich undurchsichtig an, obwohl ich durch sie hindurchsah. Ich war mir sicher, dass hier mehr Menschen zu sehen waren, als ich mit meinen Augen sehen konnte. Ich fühlte die Anwesenheit dieser anderen Menschen. Es war mehr als eine leise Ahnung. Es war gruselig. Denn, wie soll man verstehen, dass das, was man fühlt, aber nicht sieht, etwas ist, was es zwar nicht gibt, aber doch gibt? Besonders nachts war es fast wie auf der Haut spürbar. So, als ob ich über der Haut noch eine zweite Haut gehabt hätte, und auf der konnte ich es genau fühlen. Eine Berührung. Nicht ein Hauch. Eine Berührung. Besonders nachts konnte ich es fühlen, wenn alle andern Dinge, an denen man sich festhalten kann, in den Hintergrund rutschen. Nachts musste ich immer mal auf die Toilette. Und jedes Mal zögerte ich den Moment so weit hinaus, bis ich es nicht mehr aushielt. Es war wie ein Training. Irgendwann würde ich die Meisterschaft über meine Blase gewinnen. Das erschien mir als ein machbareres Ziel, als Meisterin über diese unsichtbaren Gestalten zu werden.

Also holte ich tief Luft, zählte bis drei oder bis zehn, dann flitzte ich wie von einer Tarantel gestochen durch die Wohnung auf die Toilette, wobei ich mir einredete, dass ich nichts fühle. Nichts, nichts, nichts, da ist nichts. Ich atme nicht, da ist nichts. Auf der Toilette angekommen – immerhin musste ich durch die ganze Wohnung rennen, denn das erlösende Zimmerchen mit der unangenehm lauten Spülung war am andern Ende des Gangs. Nur meine Eltern waren noch ein Zimmer weiter davon entfernt – am andern Ende also angekommen, riss ich mir die Hosen runter, hechtete auf die Kloschüssel, presste meinen Piesel raus, damit ich in Rekordgeschwindigkeit die

Spülung ziehen und gleichzeitig die Pyjamahosen hochziehen konnte, während ich bereits wieder in Richtung Bett davonstürzte. Die Spülung gab mir immer gleich noch den Rest. Sie war so laut, dass sie mir wie ein Monster hinterherzuschreien schien: «Aaaaaaaaaaaaah, ich krieg dich!»

Noch während die Spülung schrie, schluckte und gurgelte, sicherte ich mir mit einem Hechtsprung zurück ins sichere Bett einen weiteren Tag Leben. Geschafft! Wieder geschafft. Gerade noch. Ich kuschelte mich in Teddys Arm und roch an seinem Fell, was mich durch die Nase hindurch beruhigte. Der Geruch der Geborgenheit. Im Bett war ich sicher. Da passte mein Freund auf mich auf. Er war ein Bär, ihn konnte ich anfassen. Er setzte diesen unangenehm fühlbaren Fragezeichen in unserem Haus ein starkes spürbares Ausrufezeichen entgegen. Ich bin!

Mein Vater war Jahr für Jahr etwa sechs Monate in Spanien. Dort malte er Bilder. Dort war die Inspiration. Die atemberaubende Aussicht, die Ruhe, die Farben am Himmel, die er auf die Leinwand herunterholte. Dort war das Abenteuer. Die Frauen. Das Meer. Sein Tanz aus der Reihe.

Meine Mutter wusste nichts von den Frauenbesuchen. Wahrscheinlich fühlte sie es aber. Denn alle sechs Monate begann die Quälerei von Neuem. Sie reiste zu meinem Vater nach Spanien, und wir mussten in der Schweiz bleiben. Wir mussten zur Schule. Wir hatten eine Pflicht, der wir nachzukommen hatten. Ein paar Mal im Jahr wurden wir für vier Wochen oder so mit unserer Großmutter alleingelassen, die im obersten Stock des Hauses wohnte. Die vier Wochen kamen mir vor wie eine Ewigkeit. Es zerriss mir das Herz, nein, es riss mir die Seele entzwei, wenn wir unseren Eltern hinterherwinken mussten. Besonders der Abschied von meiner Mutter war schlimmer als sterben. Wenn man stirbt, ist man tot. Aber wenn die Seele zerreißt und man am Leben bleibt, dann ist der Schmerz wie ein unsichtbarer, furchtbarer, ungehörter Schrei. Wie auf dem Bild von Edward Munch.

Bis etwa zu meinem 18. Lebensjahr schaffte ich es nicht, Freundinnen oder Freunde für mich zu gewinnen. Während mein Bruder und meine Mutter das Haus mit ihren Freunden füllten, war mein einziger treuer Freund mein Bär. Irgendetwas machte ich wohl falsch, und ich kam einfach nicht darauf, was es war. Ich begann die andern zu beobachten, um herauszufinden, was ich an mir zu ändern hatte. Was war bloß an mir oder mit mir, dass es niemand länger bei mir aushielt? Was mit mir war so sehr anders?

Ich entwickelte eine Liebe zum Theater, zur Schauspielerei, zum Malen, zum Singen, zum Tanzen. Künstler gaben sich bei uns die Klinke in die Hand, und ich liebte es, meiner Mutter beim lauten Nachdenken über diese spannenden Menschen, die bei uns Zwischenhalt machten, zu lauschen. Dies waren Gespräche nach meinem Geschmack. Hier war ich zwar nicht auf gleicher Augenhöhe, hier fühlte ich mich aber erwünscht. Kinderanliegen waren eine andere Sache. Wenn eine Schauspielerin oder ein Regisseur bei uns am stets reich gedeckten Tisch saß, neckte mich meine Mutter gerne mit einer

Geschichte, die sich zugetragen hatte, als ich ungefähr sechs Jahre alt gewesen war. Damals durfte ich in unserem Stadttheater für die Dauer von einem Stück Mitglied des Ensembles werden. Das heißt, ich durfte Abend für Abend um Kinderschlafenszeit Erwachsenenlebensluft schnuppern und auf den Brettern stehen, welche die Welt bedeuten. Das war ein Ding! Ich war Feuer und Flamme und sofort dafür zu haben. An Talent schien es mir auch nicht zu fehlen. Das einzige Problem war bloß: An einer bestimmten Stelle des Stücks sollte ich meiner Bühnenmutter einen Kuss geben, und das wollte ich partout nicht. Eine fremde Frau, nein, die würde ich bestimmt nicht küssen! Schon gar nicht jeden Abend. Auch nicht für Schokolade, Kaugummi oder Gummibärchen wollte ich das tun. Worauf wir uns schließlich einigen konnten, kann ich mich nicht mehr erinnern. Dass ich mich nicht bestechen ließ, war wohl für mich jener Teil der Erzählung, den ich gerne hörte und für mich behielt. der sich mir einprägte.

Eines Tages saß ich im Zug. Ich war etwa zwölf. Vielleicht auch jünger oder älter. Jedenfalls saß mir gegenüber ein Mann. Ich war es gewohnt, dass Erwachsene mir einfach so von ihrem Leben erzählten. Das war etwas, das einfach so war. Ich kannte es nicht anders und dachte, die machen das mit allen Kindern so. Er fing also an zu erzählen und fragte mich, was ich dazu meine. So gab ich ihm einen Rat, dann einen zweiten. Schließlich sagte er, dass ich ziemlich weise sei für so ein kleines Mädchen. Wie mir nur so kluge Ratschläge einfallen würden? Ich antwortete, das komme einfach so. Darauf er: «Das kann doch nicht sein. Du wirst dir doch etwas überlegen, bevor du solche Dinge aussprichst. Was hast du zum Beispiel vorher gedacht?» Ich überlege und sage: «Nichts. Ich habe gar nichts gedacht.» – «Du meinst, dein Kopf war ganz leer, und auf einmal plumpst so ein kluger Satz raus? Aus dem Nichts?» – «Äh ja?» Bestimmt schüttelt er den Kopf und sagt, so etwas sei nicht möglich. Alle Menschen hätten den Kopf voller Gedanken. So seien wir. Zuerst würden wir denken, dann komme das Ergebnis aus dem Mund raus. Aber davor sei alles voll da oben. Dazu tippt er sich an den Kopf, wie um klarzustellen, dass wir auch wirklich vom Gleichen reden. Ich schaue ihn mit großen Augen an und mir wird schlagartig klar, dass ich unbedingt einen vollen Kopf haben möchte.

Ich möchte auch so sein wie alle. Ich möchte nicht mit einem leeren Kopf herumlaufen, während alle andern lange nachdenken, Gedanken hin und her wiegen, wiederkäuen und erst ausspucken, wenn sie sich die Lösung selbst erarbeitet haben. Ich möchte auch zuerst denken müssen! Bitte, lieber Gott, schick mir Gedanken! Füll meinen Kopf! Mach mich so, wie andere sind. Heute verstehe ich diese Leere als ein Geschenk, das in uns allen ist. Es ist dieses Nichts, dieses Freisein vom Eigenen, das einen Zugang zum großen Speicher hat. Zu dem Ort, an dem alle Erinnerungen von allen Erlebnissen sind. Wenn man sich vorstellt, dass wir schon völlig überfordert damit wären, die eigenen Erfahrungen alle auf einmal im Bewusstsein zu halten, kann man sich gut vorstellen, dass es zum Glück so etwas wie einen Filter gibt: das Vergessen. Viele meinen, dass das Vergessen ein Löschen bedeutet. Es wird aber nichts gelöscht. Unsere Sinne löschen nicht, unser Körper löscht nicht. Wir speichern. Genau so, wie die Schöpfung im Großen speichert, speichern wir im Kleinen. Das meiste von all dem, was wir wahrnehmen, erleben, erfahren, speichern wir sozusagen bewusstlos ab.

Mir war lange nicht klar, dass die Art, wie ich die Welt wahrnehme, ziemlich anders ist als die übliche Art der Wahrnehmung. Ich dachte, alle würden zwischen den Zeilen hören können und den Körper um den Körper herum fühlen. Ich dachte, allen sei Wissen zugänglich, ohne zu denken. Ich nahm ganz selbstverständlich an, dass es zumindest bei den meisten so ist. Schließlich sind wir ja alle Menschen, und wir sind alle aus demselben Stoff gemacht. Also war es für so ein kleines Wesen wie mich nur logisch, dass die andern auch so ticken.

Ich kann mich sogar an eine Zeit erinnern, da ich nur mit einem kurzen Satz antwortete auf die Frage, wie es mir gehe. Weil ich annahm, mein Gegenüber nehme den Rest ohnehin wahr. Wozu lange berichten, da den Menschen ihre Geschichten ohnehin aus den Poren sprechen, die Gedanken und Geschichten in ihren Augen zu sehen sind und gut sichtbar zwischen den Zeilen stehen? Das musste für andere doch auch bei mir ablesbar sein!

Meine Mutter erzählte mir vor ein paar Jahren noch, dass ich als Kind gelegentlich nach Hause kam und enttäuscht oder verärgert fragte, warum die Leute so schamlos logen. Ob ich bei denen den Eindruck erwecke, vollkommen blöd zu sein. Ich kam nicht klar damit, dass jemand das eine sagte und zwischen den Zeilen etwas ganz anderes aussandte. So etwas sagte wie: «Das war ein wirklich netter Abend. Das müssen wir mal wiederholen», während für mich zwischen den Zeilen klar und deutlich wahrzunehmen war: «Ich kann es kaum erwarten, endlich von hier weg zu sein und nach Hause zu gehen!».

In der Pubertät zeichnete sich dann das Wort «intensiv» ab. Es stand zwischen mir und den andern. Ein kompliziertes Wort, das nach etwas Fremdem klang. Es hätte auf meinem Pass stehen sollen, denn es klang wie eine Zugehörigkeit. Ich gehöre ins Land Intensivien. Ich bin Schweizerin, Engländerin und Intensivierin. Intensivier sind für die meisten Menschen nur kurz oder aus Abstand zu ertragen. Man mag sie zwar, hat sie vielleicht sogar sehr gern, aber ertragen kann man sie nicht. Sie haben etwas an sich, das sie umgibt. Etwas nicht Fassbares. Es hat keinen Geruch, keine Farbe, keinen Ton. Und niemand weiß, was es ist. Man weiß bloß, dass solche Menschen intensiv sind und möglichst auf Abstand gehalten werden müssen. Auch wenn man das selbst gar nicht so will. Man kann nicht anders. Und darin liegt der Fluch. Wären die Intensivier zum Beispiel alle extrem haarig, dann hätte man sagen können: «Iiiiiiiiiiiiii. Die haben so viele Haare. Die sind eklig!»

«Du bist mir zu intensiv» wurde zu einem Fluch für mich und zu etwas, das ich loswerden wollte, aber doch immer wieder hörte. Besonders, wenn mir jemand lieb war. Wenn mein Herz mit mir durchbrannte und sich und mich verschenken wollte. Egal ob Junge oder Mädchen, Freundschaft oder Liebschaft:

Ich war zu intensiv. Mich peinigten Fragen. Wie ist man nicht intensiv? Wie schraubt man alles runter? Wie wird man zu etwas, das andere nicht aushalten müssen, sondern gerne um sich rum haben? Wie knüpft man mit Menschen Bärenfreundschaften?

Um ganz ehrlich zu sein, das Unverständnis war gegenseitig. Meinerseits fand ich die Puppenspiele langweilig. Oft kam ich nach Hause und beklagte mich bei meiner Mutter, dass es so langweilig sei, über Puppenkleider zu sprechen und Gummitwist zu spielen. Obwohl ich selber doch noch ein Kind war, wurde mir bei Kindergesprächen bald fade. Während der Pubertät war ich mir selbst ein Rätsel, und die Welt war mir ein intensives Rätsel.

Ich kann mich nur noch vereinzelt an die Tage meiner Kindheit erinnern. Vielleicht, weil es mich bis zu meinem 18. Lebensjahr gar nicht wirklich gab. Ich bemühte mich mit all meiner Kraft, eine von allen zu sein. Irgendwann aber war ich mürbe. Ich war es leid, mich bemühen zu müssen, und gab auf. Ich habe es wirklich auf alle Arten versucht.

Wenn ihr mich so nicht wollt, dann bin ich halt, wer ich bin. ... Aber ..., wer bin ich? Ich war 18 und hatte kein Gefühl für das, was mein Teddy mir in der Nacht einst so gut vermittelt hatte: Ich bin.

Die Reise beginnt

Mit etwa 16 Jahren begann es zu rufen. Heute kann ich das so benennen. Damals war es einfach nur ein Schmerz, der langsam begann, sich in mir breitzumachen. So etwas wie Kopfweh in allen Gelenken. Es tat manchmal so weh, dass ich ganz ruhig dasaß, während Tränen die Wangen runterrollten. Zu mehr Ausdruck reichte die Kraft nicht. Ich brachte mir bei, den Schmerz zwar wahrzunehmen, ihm aber so wenig wie möglich Aufmerksamkeit zu geben. Mich zu fokussieren, damit er im Körper blieb und nicht auch noch den Rest meiner Innenwelt übernahm. Meine Emotionen, meine Perspektive wie ich das Leben und mich mit dem Leben mitlebend wahrnehme. Die Frage, wie bin ich in diese Hölle geraten, interessierte mich nicht. Es war vielmehr die Frage: Wie komme ich aus dieser Hölle wieder raus? Und diese Frage schickte mich auf eine lange Reise des Lernens. Was wirkt heilend?

Neben den Schmerzen in fast allen Gelenken hatte ich einen hässlichen Hautauschlag. Der machte mir insofern zu schaffen, als er äußerlich klar zu sehen war. Manch ein Augenpaar schien mich von der Seite her laut anzugucken. Manche taten es mitleidig, andere abweisend. Die ersten zwei Jahre konnte meine Mutter mich damit besänftigen, dass es nur Pubertätspickel seien, das werde bald vorübergehen. Der Ausschlag verstärkte aber so sehr mein Gefühl, nicht dazuzugehören, dass ich viele Salben, Waschlotionen, Puder und Pillen ausprobierte, um die Pickel loszuwerden. Als mein Hautarzt eines Morgens in seiner Sprechstunde die Schublade öffnete und ein furchtbar starkes Medikament nach dem andern in die Höhe hob mit der Frage: «Haben wir das schon probiert?», ploppte bei mir der Korken aus der Flasche, und ich beschloss, dass die Schulmedizin fortan nur noch für Notfälle konsultiert werde.

Jahrelang ging es körperlich und seelisch langsam weiter abwärts, zwischendurch auch wieder aufwärts. Ich hatte wellenweise immer mehr Symptome, die niemand erklären konnte, die mich aber lähmten und zum Teil so sehr einschränkten, dass ich nur noch dalag und das Leben grad noch so aushielt. Zwei, drei Stunden, oder Tage später konnte ich wieder weitermachen, um daraufhin von der nächsten Welle eingeholt zu werden. Ich lernte schnell, diese Überfälle vor andern zu verbergen, oder ich zog mich zurück, um sie ganz alleine auszustehen. Bis heute weiß meine Familie nicht, wie oft ich damals mit einem Lächeln auf den Lippen in den Abgrund blickte.

Gefühlsmäßig bewegte ich mich auch mehr und mehr in ein Durcheinander. Meine übersinnliche Wahrnehmung wurde stärker, meine Klarheit darüber nahm ab. In einer Welt, in der es damals so etwas wie Hellfühligkeit nicht gab, konnte ich nicht verstehen, dass das, was ich fühlte oder dachte, nicht nur mit mir zu tun hatte. Es kam immer öfter vor, dass jemand ausrief: «Hey, da hast du ausgesprochen, was ich soeben gedacht habe!» oder «Das habe ich doch gerade eben gedacht!» Worauf ich staunte und bewunderte, dass so viele Menschen vorher das denken können, was ich dann sagte ... – bis ich mich irgendwann fragte, ob es vielleicht umgekehrt sei. Dass ich anderer Leute Gedanken aufschnappe und ausspreche, bevor sie selber dazu kommen. Das wäre doch eigenartig ...

Dann verliebte ich mich in einen Jungen. Wenn ich ihn sah, begann mein Herz stark zu klopfen. Solange wir im selben Raum waren, übte er eine geradezu magnetische Anziehung auf mich aus. Ich wollte, dass er mich berührte und küsste. Sowie er sich von mir entfernt hatte, war er mir egal. Das war doch nicht normal! Bei der vierten oder fünften Begegnung kam ich dann auf den Gedanken, dass ich vielleicht gar nicht meine eigenen Gefühle ihm gegenüber spürte, sondern dass ich seine Gefühle für mich als meine Gefühle ihm gegenüber wahrnahm. Konnte es denn sein, dass ich gar nicht in ihn verliebt war, sondern lediglich er Liebesgefühle für mich hegte, welche ich aber als die meinen empfand? Das wäre seltsam!

Kaufhäuser und Cafés wurden zu Orten die ich nur noch betrat, wenn es nicht anders ging. Ich konnte mir nicht erklären warum, aber ich konnte noch so munter und fröhlich reingehen, Mal für Mal kam ich unglaublich erschöpft wieder raus. Bis es mir gar nicht mehr möglich war, Ikea und Co auch nur zu betreten, ohne einem Zusammenbruch gefährlich nahezukommen. Ich registrierte sehr wohl, dass meine Gefühle Achterbahn fuhren, kam aber nicht auf die Idee, dass ich schlichtweg mehr als das Sichtbare und Fassbare wahrnahm. Mein System drohte immer wieder zu kollabieren, weil ich die Gefühle und Zustände der Anwesenden um mich herum wahrnahm, ja geradezu von ihnen überschwemmt wurde. Mehr noch: Wenn jemand mit heftigen Gefühlen auf einem Stuhl gesessen hatte, auf den ich mich später selber setzte, hatte ich einen plötzlichen Stimmungsumschwung, den ich natürlich überhaupt nicht in Verbindung brachte, mit dem Menschen, der zuvor auf diesem Stuhl gesessen hatte. Ich brauchte Jahre, um herauszufinden, was mit mir geschah.

Das erste Verstehen in die richtige Richtung passierte, als ich bemerkte, dass ich keine Secondhandkleider tragen konnte. Immer wenn ich mir so ein Kleidungsstück überstreifte, wurde mir schlagartig anders. Es war unangenehm. Als ob ich mir mit einem Pullover einen anderen inneren Zustand überziehen würde. Und diesen Zustand wurde ich erst los, wenn ich den Pullover wieder auszog. Ich konnte mir nicht erklären, was da passierte. Ich war nur froh, als ich merkte, dass ich die Gefühle wieder loswurde, wenn ich die Jacke, Hose, das Kleid oder Hemd wieder auszog. Und so machte ich, obwohl ich kaum Geld hatte, einen Bogen um Secondhandläden.

Später, Mitte 30, begann ich mit Kleidungsstücken von Freunden zu experimentieren und nachzufragen, wie sie sich in dem Pullover denn gefühlt hatten. Die Freunde fanden meine Fragen zwar komisch, aber so kam ich allmählich dem, was mit mir passierte, auf die Spur. Da nahm ich doch tatsächlich das Gefühl, das hauptsächlich in diesem oder jenem Kleidungsstück gefühlt worden war, als mein eigenes Gefühl wahr, sobald ich mir das Stück überzog!

Einen der ersten unbeabsichtigten Tests habe ich noch in guter Erinnerung. Ich war in Holland. Es war kalt und ich hatte nichts Warmes dabei. Also lieh mir eine Freundin den Pullover einer ihrer Freundinnen aus. Ich merkte, wie meine heitere Stimmung umschlug und wie ich unaufhaltsam immer mehr in den inneren Keller sank. Was war denn jetzt los? Ich konnte mir nicht erklären, warum Unzufriedenheit sich in mir breitmachte, und suchte nach einem Auslöser. Etwas, das ich korrigieren oder zumindest benennen konnte. Nach einer ziemlich langen Weile kam mir die Idee, dass es sich wie mit den Second-Hand-Kleidern verhalten könnte. Also fragte ich die Freundin ganz beiläufig, wie es denn ihrer Freundin gehe. Da erfuhr ich nach mehrmaligem sanften Nachhaken, dass sie in einer Krise steckte und während dieser Zeit oft gerade diesen Pullover getragen hatte. Interessant ...

Nun bin ich in der Zeit ein bisschen arg weit vorausgehüpft, von 16 auf 36. Also nochmals zurück zu der Frage, wie das bei mir eigentlich anfing. Dass ich jemanden an die Seite bekam, die mich bei diesen eigenartigen Dingen auf ihre Weise begleiten konnte, und dass es mir möglich wurde, Antworten zu finden. Um Zwanzig herum kam mir ein Buch in die Hände, aus dem ich die abgefahrene Geschichte einer Frau erfuhr, die von zwei geistigen Lehrern unterrichtet wurde, die sich jeweils materialisierten, um sie zu unterweisen. Ich verstand nicht, dass hier eine Resonanz entstand auf meine vielen ungereimten Erlebnisse und Fragen. Ich verschlang diesen Roman einfach. In mir erwachte ein so starker Wunsch nach meinem

Lehrer oder nach meiner Lehrerin, dass ich mich eines Tages im Bett aufsetzte und, bestärkt durch die Geschichte im Buch, meinen Wunsch als vehemente Bitte in den Himmel sandte. Die Antwort kam postwendend. Nicht von einem Engel zwar, und es öffnete sich auch nicht ein außerirdisches Tor oder so was. Aber in meinem Innern war ganz deutlich zu vernehmen: «Du wirst deiner Lehrerin Mitte Dreißig begegnen.» – «Was?! Erst Mitte Dreißig? Dann bin ich ja bald bereit, mich aufs Sterben vorzubereiten!» – «Du musst erst mal Erfahrungen sammeln, deinen Weg ins Leben finden, dann begegnest du deiner Lehrerin.»

Mehr war nicht zu erfahren. Die Botschaft war deutlich, aber nicht ausführlich. Und ich legte die Information bald bei mir im Hinterkopf ab, worauf ich viele Jahre nicht mehr daran dachte. Es war ja keine erfreuliche Nachricht, und es würde ewig dauern, bis sie in Erfüllung ging. Für mich war es ein Ewig, das nahezu einem Niemals gleichkam.

In meiner Kindheit pendelte unsere Familie zwischen der Schweiz, Spanien und Israel. In Spanien waren die Hippiefeste, Aufbleiben bis spät in die Nacht, Gras in den glänzenden Augen der einen, Wein im Atem der andern, Indianerspiele in der freien Natur, viel Sonne und Meer. In der Schweiz gingen wir zur Schule und lernten, brav zu sein, in Israel lebten die besten Freunde meiner Mutter, die für uns eher Familienmitglieder waren, wie man sie sich wünscht, als nur Freunde. Dort waren meine Tanten, die mich stets ermutigten, rauszugehen. Zu entdecken. Sie gaben mir das Gefühl, etwas Besonderes zu sein. Und sie hingen an den Lippen meiner Mutter, die sich wie Honig im Tee fühlte. Sie kam an und genoss die Zuwendung, die Scherze und die Aufmerksamkeit, die Gespräche am Küchentisch und das Essen, das morgens begann, verschiedene Phasen durchlief und abends vor dem Schlafengehen erst abgeräumt wurde. Das gab uns Kindern Freiraum, gemeinsam die Welt zu erkunden.

Drei ganz verschiedene Welten, die sich ergänzten. In Spanien lernte ich schwimmen. Wir waren an einer Felsenbucht. Meine Mutter lag wie immer nackt ausgestreckt in der Sonne, und ich blickte in das Blau-Grün des Wassers. Da rief der Besuch meiner Mutter hinter mir, ganz klar und bestimmt: «Orna spring!» Ich zögerte keine Sekunde, vergaß, dass ich mit meinen drei Jahren noch nie ohne Schwimmflügel im Wasser gewesen war und sprang, japste nach Luft, schlug um mich, hörte, wie meine Mutter entsetzt den Besuch aus der Schweiz anbrüllte: «Spinnst du?», und diese ihr antwortete: «Lass mal. Die macht das schon.» Und so war es. Ich konnte mich nach gefühlten zwei Stunden, die wahrscheinlich eher zwei Minuten waren, über Wasser halten. Von da an konnte ich schwimmen.

Dieser Aufforderung sollte ich in meinem Leben immer wieder begegnen. Mit 21 zum Beispiel wurde ich eingeladen in der Erwachsenenbildung Theaterimprovisation zu unterrichten. Obwohl ich vehement ablehnte, überzeugte mich der Direktor der Schule, dass ich die Fähigkeit dazu habe und dass wir es auf einen Versuch ankommen lassen sollten. Er hatte mich in einem Freilichttheater spielen gesehen und beschlossen, dass er mich an seine Schule holen wollte. Punkt. Daran gab es nichts zu rütteln.

Also schrieben wir den Kurs aus, und es meldeten sich tatsächlich Teilnehmer an. Am ersten Samstag der Kursreihe ging ich in mein Unterrichtszimmer und begrüßte die Leute, die bereits dort waren, wie eine Teilnehmerin. Ich dachte, da wir Theaterimprovisation durchnehmen, würde ich schon mal beginnen und setzte mich zu den andern, um mit ihnen auf die Lehrerin zu warten. Nun verbreitete sich langsam die Frage, wo denn diese Ralston bleibe. Es war schließlich schon fünf nach ... niemand kannte sie, auch ich verneinte, und so ließ ich den Ärger ein klein wenig köcheln. Um zehn nach beschloss ich, dass es nun gut sei, und sagte: «Willkommen im Kurs Theaterimprovisation und Bühnenpräsenz. Ich heiße Orna Ralston, und bin die, auf die wir alle gewartet haben.» – «Ha-Ha-Ha.» Es glaubte mir niemand. Ich nahm nochmals einen Anlauf, und als mich die Teilnehmer baten, damit aufzuhören, holte ich meinen Ausweis aus der Tasche. Tatsächlich. Da stand Orna Ralston drauf.

Die Frauen schauten zunächst verdutzt, dann stand eine nach der andern auf. «Das lasse ich mir nicht gefallen! So eine junge Frau setzen die uns vor die Nase! Ich will mein Geld zurück!», verlangte eine nach der andern. Dann marschierten sie raus, gingen die Treppe runter zur Rezeption, ich hinterher, hinter einer Wolke schimpfender, um die fünfzig Jahre alter Frauen, in mir der Gedanke: «Da bin ich ja ganz eurer Meinung!»

An der Rezeption arbeitete eine junge schlaue Sekretärin, die den Frauen anbot, dass sie mir erst mal eine Chance geben und diesen ersten Tag mit mir verbringen sollten. Wenn es ihnen nicht zusagen würde, könnten sie ihr Geld immer noch zurückhaben. Ich fand das nicht wirklich eine gute Idee, wollte aber die Damen nicht nochmals verärgern. Also stapften wir die Treppe wieder hoch und begannen den Kurs, den ich natürlich, so wie ich ihn geplant hatte, nicht halten konnte. Also sprang ich. Und vertraute voll und ganz auf meine Eingebung. Mehr hatte ich ja nicht im Rucksack. Keine Tricks. Keine Übungen. Keine Anleitung. Keine Erfahrung. Nur ein Zettel mit einem Ablauf, der nun gar nicht mehr passte. Ich musste von Null auf Hundert lernen, mich auf die Frauen einzustimmen. Ich musste es schaffen, sie irgendwie zu begeistern. Aufschnappen, was Thema war, und damit arbeiten. Und so begann eine lustvolle, spannende gemeinsame Zeit, in der wir Dinge erprobten und verrückte Übungen machten, die mir einfach so einfielen. So lernte ich, während ich lehrte, über Präsenz und die Kunst der Improvisation. Ich lernte, dass das meine Lebenshaltung ist.

Mitte Zwanzig wurde «der Ruf» immer drängender. Ich bekam mehr und mehr Hinweise, die ich einfach nicht verstand, die sich aber in mir verdichteten. Da war zum Beispiel dieser Augenblick, als ich für ein Solokonzert an einem Ort engagiert war und irgendwo ein Mann im Publikum saß, der immer etwas Unberechenbares tat. Er war geistig ein wenig zurückgeblieben und traute sich, seinen Impulsen zu folgen, ohne sich an das allgemeine Verhalten anzupassen. Das eine Mal sprang er auf die Bühne und tanzte wild zur Musik, das andere Mal rief er in einem stillen Moment irgendetwas ganz laut zu den Musikern hoch. Das nächste Mal rannte er einfach raus ... Und so fragte ich mich, was er wohl tun würde, wenn er mich singen hörte.

Kurz vor dem Auftritt gesellten sich dann doch einige Bedenken zu meinem Interesse. Was, wenn er mir das Mikrofon aus der Hand reißen würde? Oder wenn er rufen würde, ich solle endlich etwas Knalliges singen? Mich vor allen bloßstellt und ich nicht weiß, wie ich die Situation zu retten habe? Aber nein. Mitten in einem Lied schoss er von seinem Stuhl in der ersten Reihe hoch, drehte sich zum Publikum und rief laut und breit lachend: «Das macht mi ganz gsund! Dia Musik macht mi ganz gsund!» Dabei klopfte er auf seine Brust, als ob er zeigen wollte, wo genau es ihn gesund machte. Dann setzte er sich wieder, um ganz aufmerksam das weitere Konzert zu verinnerlichen.

Ein weiteres Zeichen, das mich aus meinem Alltag aufrütteln sollte, bekam ich mitten in der Altstadt von Zürich, in den Gassen des Niederdorfs. Vier Jahre zuvor – unterdessen war ich Sängerin und Songschreiberin geworden – war ich aus einem Musikprojekt ausgestiegen. Wir hatten eine Tour zu Ende gebracht, als ich die Chance für gekommen sah, mich aus den Spannungen, die in der Band für mich nicht mehr auszuhalten waren, zu lösen. Man würde kaum glauben, was gelegentlich hinter der Bühne abgeht, wenn man hört und sieht, was für magische Momente durch dieselben Menschen auf der Bühne entstehen können! Das passt manchmal ganz und gar nicht zusammen.

Ich hatte also vier Jahre weder Kontakt zum Bandleader gehabt noch an ihn gedacht. An diesem Tag, der nichts Besonderes an sich hatte, schlenderte ich etwas gelangweilt an Läden vorbei und schaute mir die Auslagen an. Plötzlich sah ich, wie besagter Bandleader mir entgegenkam. Erfreut und überrascht erkennen wir einander und gehen aufeinander zu. Doch gleich merke ich, dass ich gar nicht da bin, wo es stattfindet, dass die Bilder beziehungsweise «der Film» nicht außen, sondern in mir drin abläuft, so klar, als ob es außen wäre ... Und keine zwei Minuten später komme ich präzise dort an, wo ich innerlich soeben schon war. Nun erlebe ich diese Begegnung in der Realität. Und zwar im Detail genau dort und genau so, wie ich sie vor zwei Minuten doch schon erlebt hatte!

Das verwirrte mich, denn ich war es nicht gewohnt, so klar und genau vorauszuschauen. Ich bin eher eine, welche Dinge fühlt, sie ahnt oder einfach weiß. Das bin ich gewohnt. Aber im Innern einen Film zu sehen, der so klar und verknüpft ist mit einem ganzheitlichen Erleben, dass man ihn nicht vom Geschehen im Außen unterscheiden kann, das rüttelte mich doch ganz schön auf.

Tief in mir begann die Frage zu arbeiten: «Was sollte das?» Diese Frage verunsicherte mich zutiefst. An wen sollte ich mich wenden? Wenn ich heute darüber nachdenke, kann ich nicht verstehen, warum ich mich nicht getraut habe, es mit jemandem zu besprechen. Das war irgendwie etwas, was meine Grenze des Bekannten überstieg und also irgendwie anders war. Das Fühlen anderer, damit war ich aufgewachsen. Das war, wie wenn ich mit einem zusätzlichen Zeh an meinem Fuß aufgewachsen wäre. So war es halt einfach. Es wäre vielleicht ein wenig skurril, weil ich irgendwann merken würde, dass andere zehn Zehen haben und nicht elf. Aber für mich war der elfte Zeh ja von Anfang an da. Und somit würde ich vielleicht mit den Schultern zucken und ihn entweder stolz herumzeigen oder mich bemühen, ihn zu verstecken. Würde mir aber heute mir nichts, dir nichts ein zusätzlicher Zeh wachsen, so würde ich einen Schrecken bekommen und sofort zum Arzt rennen. Meine Fantasie würde wahrscheinlich in Zusammenarbeit mit meiner Angst innere Bilder hochspülen von einem zusätzlichen Finger, einem dritten Ohr oder zweiten Herzen ...

So erging es mir, als ich an jenem Nachmittag dieses Erlebnis in Zürich hatte, das völlig unvorbereitet meine Grenzen sprengte. Wie kann man ein Ereignis, das noch nicht geschehen ist, haargenau so, wie es gleich geschehen wird, in seinem Innern vorab erleben? Ich meine, es ist ja noch nicht da! Oder ..., ist es schon da? Doch wenn es schon da ist, was alles ist denn auch noch schon da? Ab wann? Und wozu? Bin ich in einem solchen Fall Ausführende von ... – falls ja von was?

Ein weiteres Ereignis, das mir noch lange zu denken gab, geschah in Paris. Ich liebe es, Straßenkünstlern bei der Arbeit zuzusehen. In Paris gab es damals besonders viele Künstler auf der Straße zu bewundern. Unglaublich gute Tänzer, Musikerinnen, Pantomimen, Akrobatinnen und so weiter. Während andere von Museum zu Museum spazierten, schlenderte ich von Kreis zu Menschentraube, die sich meist um Straßenkünstler bildete. Und so bestaunte ich einen Jongleur, der Keulen hoch und immer höher warf. Ich war wegen irgendwas abgelenkt und folgte der letzten Keule, die er in die Luft schleuderte, nicht mehr mit dem Auge, sondern beobachtete einen kleinen Jungen, der vergnügt quietschte. Da hörte ich in meinem Innern laut und deutlich: «Orna, weg!» So laut, wie wenn es jemand entsetzt von außen rufen würde. Mein Instinkt war sofort geweckt, wodurch ich zurückwich. Eine hundertstel Sekunde später schoss eine der Keulen dort auf dem Boden nieder, wo eben noch mein Kopf gewesen war! Die Wucht, mit der die Keule auf den Boden schlug, machte mir klar, dass ich den Aufprall nicht überlebt hätte.

Ich blickte um mich und so langsam wurde mir klar, dass hier etwas geschehen war, das ich nicht verstehen konnte. Ich war allein in dieser Stadt. Niemand kannte mich. Und doch hatte jemand meinen Namen laut und klar gerufen. So laut, dass ich drauf reagieren, mich retten konnte. Und … der Jemand war meine eigene Stimme gewesen!

Ein weiterer Hinweis kam durch eine Bekannte meines Vaters. Ich war eingeladen, ein Wochenende bei ihr und ihrer Freundin im Tessin zu verbringen. Ich freute mich über die Einladung. Vor allem auch wegen ihrer Freundin, die ich interessant fand, weil sie so schräg war. Ich nannte sie die kleine Hex', nachdem ich dabei gewesen war, als sie frei heraus meinem Vater Dinge über die Zukunft geweissagt hatte oder mit einem Pendel austestete, ob etwas auf dem Teller bekömmlich und nicht bekömmlich war. Das fand ich lustig, ich wollte in ihrer Nähe sein und mich von ihrer unbekümmerten Art anstecken lassen. So kam ich also bei den zwei Frauen an, wurde herzlich empfangen, wodurch ich mich gleich entspannte und willkommen fühlte. Gleich nach dem

Abendessen legte mir die kleine Hex' einen Stein in die Hand und fragte: «Was fühlst du?» «Wie meinst du, was ich fühle? Es ist ein Stein.» «Ja, aber was fühlst du in dem Stein?»

In dem Stein? In meinem Kopf blitzt eine Erinnerung auf. Wie ich mit 15 Jahren auf dem Nachhauseweg fast täglich vor einem Laden mit Halbedelsteinen und Kristallen stehenbleibe – damals war das der einzige Laden dieser Art weit und breit – und eine Kristallkugel im Schaufenster bewundere, so groß wie ein Menschenkopf, was mich total fasziniert. Eines Tages tritt der Ladenbesitzer vor die Türe und fragt mich, ob ich reinkommen und die Kugel mal anfassen wolle. Ich erschrecke, möchte eigentlich wegrennen, trete aber schüchtern ein und lege meine Hand auf diese Kugel, diese Welt, dieses Paradies. Alles um mich herum verschwindet, und ich tauche in eine Welt ein, die sich so ganz anders anfühlt als die, aus der ich komme. Ich fühle mich plötzlich hell und ruhig und voller Liebe und Würde. Dann vernehme an meiner Seite ein vorsichtiges «Hallo?», sanft, damit ich die Kugel wohl nicht vor Schreck fallen lasse. Nun wage ich doch tatsächlich zu fragen, wie viel sie kostet. Hätte er eine Million gesagt, ich hätte es ihm geglaubt. Aber 8000 Franken, das klingt für mich auch wie eine Million. Unerreichbar und vielleicht so teuer, dass sie da im Schaufenster bleiben wird, bis ich erwachsen bin und sie mir leisten kann. Und so pilgere ich treu und von der Liebe geführt täglich an meiner Kugel vorbei, bis sie zu meinem Entsetzen eines Tages verkauft ist. Weg für immer! Damit habe ich nicht gerechnet! Jemand ist schneller gewesen als ich. Oh nein!

Meine Besuche vor dem Laden mit den Steinen werden weniger und weniger, der Verlust der Kugel schmerzt mich zu sehr. Bis ich Wochen später nur noch sporadisch und lustlos vorbeispaziere. Ein halbes Jahr darauf trifft mich fast der Schlag! Ich stürme in den Laden und rufe dem Besitzer begeistert zu, dass er endlich wieder eine Kugel habe, die sich anfühle wie meine von damals! Seine Augen weiten sich und er fragt: «Welche? Diese da?» – «Ja! Die fühlt sich genauso an wie meine, die Sie verkauft haben!» Als er sich fassen kann, sagt er: «Ich bin ein durch und durch bodenständiger Mann. Ich halte nichts von diesen Dingen, die manche Leute von sich geben. Mit Spüren und Fühlen und so. Ein Stein ist ein Stein. Punkt. Du bringst mich jetzt aber ganz schön aus der Fassung! Diese Kugel da ist aus demselben Stück Stein gehauen und verarbeitet wie deine andere Kugel. Nur diese. Keine andere. Wie konntest du das sehen?» Wenn ich das doch selber wüsste.

Meine Erinnerung, die aufblitzte, ermutigte mich, bei dem Spiel mit der kleinen Hex' mitzumachen. Und so antwortete ich, dass der Stein mit dem Hals zu tun habe. Er würde ihn entspannen und das Sprechen lockern ... (Dies zu einer Zeit, als das Wissen um die Kraft der Steine noch kaum bekannt war, geschweige denn ernst genommen wurde.) Sie lächelte und legte mir einen Stein nach dem andern in die Hand. Meine Antworten freuten sie, und ich freute mich, dass sich die beiden Frauen amüsierten. Am nächsten Morgen trat sie nach Sonnenaufgang zu mir ans Sofa, berührte mich an der Schulter und forderte mich auf, aus dem Fenster zu schauen:

«Was siehst du?» – «Berge. Schöne Aussicht, gell?» «Entspann mal deine Augen und lass sie auf den Bergen ruhen. Siehst du noch mehr?» «Oh, die Berge werfen Licht und feine Farben ab!»

Das war mir neu. Das Licht kannte ich schon, aber die Farben waren neu für mich. Heute weiß ich, dass sie mich durch die Berührung meiner Schulter an ihrer Gabe hat teilhaben lassen. Gegen Mittag dann rief sie mich zu sich und bat mich, meine Hand aufs Knie der Freundin zu legen. Nun sollte ich ihnen sagen, was mit dem Knie los sei, womit ein Schmerz zu tun habe, den sie nicht loswerde. Da die eine der beiden Frauen Ärztin und die andere Heilerin war, nahm ich das immer noch als Spiel wahr und fand es weiterhin kauzig und lustig. So ging es das ganze Wochenende hindurch. Wenn ich heute daran zurückdenke, kann ich kaum fassen, dass ich von alledem einfach gar nichts verstand. Wie taub und blind muss ich nur gewesen sein! Erst 17 Jahre später sollte ich mich daran erinnern und verstehen, was für klare und eigentlich hilfreiche Hinweise mir die kleine Hex‘ damals gegeben hatte! Ich hatte so was von keine Ahnung, dass ich die vielen Zaunpfähle, mit denen sie mir fröhlich vor der Nase winkte, als ein Spiel zum Zeitvertreib missverstand.

Noch eine Reise

Wenige Jahre später, mit ungefähr 21 Jahren, öffnete sich mir inmitten einer Tanzmeditation der innere Raum, und mit einem Mal waren es zwei solche Räume. Von da an nahm ich über ein halbes Jahr lang zwei verschiedene Realitäten wahr. Ich sah den Alltag, wie wir ihn alle sehen, und zugleich sah ich eine Welt voller Leid, Schmerz und Elend. Ich sah, wie Menschen in Wagons abtransportiert wurden, oder hörte Schmerzensschreie in einer Straße, wo, sozusagen durch das eine Auge geblickt, niemand zu sehen war, während durch das andere Auge geblickt, ein Junge stand, der nach seinem Vater schrie und schrie. Es war furchtbar, und ich fragte mich einige Male, ob ich mich selber in eine psychiatrische Klinik einweisen lassen sollte. Ich war mir aber meiner Selbst voll bewusst und auch dessen, was um mich herum geschah. Ich konnte die beiden Welten klar unterscheiden, keine von beiden vermochte ich aber wegzumachen. Der Umstand, dass die Alltagswelt neben der anderen Realität immer auch wahrnehmbar war, wurde für mich ein Gradmesser, und ich beschloss, dass ich mich bei einem Psychiater melden würde, sowie mir drohte, den Bezug zur Realität zu verlieren. Ich wurde von Bildern heimgesucht, für die ich mich schämte, da ich dachte, sie kämen aus meiner Phantasie. Bis heute möchte ich nicht beschreiben, was ich damals hörte und sah. Es ist so schrecklich, wozu Menschen fähig sind.

Erst Jahre später, als mein Vater ein Erlebnis aus

einem Konzentrationslager in Asien erzählte, erkannte ich, dass ich offensichtlich durch die Augen meiner Eltern geblickt haben musste. Er beschrieb, wie er in dem Lager auf aufgestapelten Leichen gespielt hatte. Das passte zu einem meiner vielen Bilder! Da hatte sich offenbar so etwas wie der zelluläre Speicher geöffnet und war für mich wahrnehmbar geworden. Im Schamanischen würde man sagen, dass ich eine ausgedehnte Reise durch die Unterwelt gemacht habe. Und, dass es Teil meines «Rufes» war. Denn das, was als «Schamanenkrankheit» bezeichnet wird, hat viele Gesichter. Bei mir war ein Teil davon, dass ich plötzlich Zugang zum abgespeicherten und verdrängten Teil der traumatischen Erfahrungen meiner Eltern bekam. Das war sehr konkret, real und beängstigend fühlbar. Ich musste mich diesen Bildern stellen. Ohne Begleitung und ohne Möglichkeit einzuordnen, was da vor sich ging.

Im «Schamanischen» ... Diesem Wort sollte ich zum ersten Mal in einem Kinofilm begegnen. Eine Freundin lud mich ein, sie ins Kino zu einem Film über Schamanen zu begleiten. Ich glaube, ich hatte mir bis dahin noch nie so häufig in einem Kino Augen und Ohren zugehalten. Alle paar Minuten musste ich mich im Sitz vergraben, die Augen zusammenkneifen, mir die Ohren zuhalten da ich nicht ertrug, was ich vor mir auf der Leinwand sah. «Gott, mach dass es bald vorbei ist!», flehte ich still während der Vorstellung. Beim Verlassen des Kinosaals blickte ich meine Wohltäterin an und sagte erleichtert: «Bin ich aber froh, dass ich nicht eine von denen bin!» Der Umgang mit Geistwesen, mit der Anderswelt, das Heilen in Zusammenarbeit mit der nicht sichtbaren Welt, ... das war all das, womit ich nichts zu tun haben wollte! Nur weg von hier.

Ein paar Wochen später schleppte mich dieselbe Freundin zu einem Kurs mit einer Schamanin aus Neuseeland. Mir gefiel die Idee zunächst richtig gut und ich nahm die Einladung dankend an. Als der Tag der Abreise jedoch immer näher rückte, spürte ich mehr und mehr, dass dieses Seminar nichts für mich war. Und so ließ ich am Abreisetag meine Freundin wissen, dass ich es mir anders überlegt habe. «Wie bitte?» «Ich komme nicht. Das ist nichts für mich. Tut mir leid, da musst du alleine hin.»» – «Bist du verrückt? Das Seminar ist schon bezahlt! Du kannst doch nicht einfach sagen, sorry, ich komm doch nicht mit!» Hm. Da hat sie recht. «O. k. Ich komme mit, aber unter der Bedingung, dass ich, wenn es mir dort nicht zusagt, gehen darf.» Meine Freundin verdrehte die Augen und sagte, o. k, frühestens nach einem Tag würde ich frei sein, mich zu entscheiden. Deal.

So fuhren wir zerknirscht in Richtung München. Dort angekommen, nehme ich die Koffer aus dem Wagen, gehe an der Rezeption vorbei die Treppe hoch, betrete das Zimmer, verweile eine Minute, drehe mich auf dem Absatz herum und gehe denselben Weg zurück, an der Freundin vorbei in Richtung «weg von hier». «He! Wo gehst du hin?» – Ich: «Na, zum Bahnhof.» – Mit mittlerweile genervtem Ton ruft sie: «Wieso zum Bahnhof?» – «Wir haben abgemacht, dass ich, wenn es mir hier nicht gefällt, nach Hause fahren darf. Es gefällt mir hier nicht.» – «Moment mal, unsere Abmachung war, dass du frühestens nach einem Tag gehen kannst!» Knirsch.

Dass sie auch immer alles so genau nehmen musste … Ich drehe mich also wieder um und gehe brav zurück in die Höhle der Löwin.

Wir sitzen im Seminarraum und eine niedliche ältere Dame kommt herein. Das ist also die Schamanin?! Da hatte ich wohl ein bisschen vorschnell meine Bedenken. Sie ist sympathisch und beginnt auf Englisch Geschichten zu erzählen. Ich versinke in eine Art Halbschlaf. Sie redet und redet, und ich beginne zu träumen, ohne zu träumen, bis sie nach ungefähr zwei zerredeten Stunden unvermittelt sagt: «And now we open the four directions.» Four directions? Was in drei Himmels Namen sind four directions? Wir stehen auf, und es sehen alle so aus, als ob sie genau wüssten, was sie meint. Sollen sie halt die four directions öffnen. Ich höre «bla bla bla bla bla», «bla bla bla», und dann drehen sich alle dem Westen zu. Da ich nicht zugehört habe, weiß ich nicht, dass sie der Himmelsrichtung des Westens die Ahnen zuordnet. Sie beginnt also mit «blablabla, bla bla …», und in mir tut sich so etwas wie eine Schleuse auf, ein Strom von Empfindungen, Gefühlen und Anwesenheiten stürzt auf mich ein. Ich weiß nicht, wie mir geschieht, und schon gar nicht weiss ich, wie ich das stoppen könnte, und gerate innerlich leicht in Panik.

Wir sollen jetzt zum Abendessen gehen, aber ich fühle mich gar nicht danach. Ich fühle mich wie ein Schweizer Birchermüesli mit viel zu vielen und mit den falschen Zutaten. Ein Chaos in mir. Meine jüdischen Vorfahren und die deutschen Vorfahren der Teilnehmer im Raum treffen in meinem Körper aufeinander. Bumm! Ich kann kaum noch stehen und ziehe mich in mein Zimmer zurück, wo ich immer krassere Schmerzen bekomme, die in meinem Körper innert Sekunden von einem Ort zum andern wechseln. Plötzlich könnte ich mich übergeben, dann blitzt extremster Kopfschmerz auf, der ins Knie rutscht und so weiter. Als meine Freundin zur Türe reinkommt und mich sieht, ruft sie: «Um Gottes Willen, du bist grün und gelb im Gesicht! Was ist los mit dir?!» Ich kann kaum sprechen und so eilt sie zum Großmütterchen. Diese ist grad dabei, die Treppe zum Seminarraum zu erklimmen, und antwortet ihr: «Das ist gut. Bring sie rauf. Ich bin eine starke Schamanin. Sag ihr, die einzige Bedingung, die ich habe, ist, dass sie mir vertraut.»

Na, da hat sie mir ja eine große Wahl gelassen. Zwei Leute müssen mich beinahe hochtragen, da ich kaum gehen und nur noch verschwommen sehen kann. Ich kämpfe innerlich um mein Recht, im Körper zu bleiben, und werde im Seminarraum auf einen Stuhl gesetzt. Von da weg bekomme ich von Minute zu Minute weniger mit. Ich erinnere mich noch, wie sie mich fragt, ob einer der Kursteilnehmer als Stellvertreter für meinen Vater etwas für mich tun darf. Ich schaue diesen Mann an und erkenne nicht nachvollziehbar, aber sofort, dass er ein Nachfahre von einem Vater ist, der als Nazi bei der Gestapo war, und fühle einen Schrei in mir aufsteigen. Nun höre ich mich schreien, und dazu denke ich: Komisch, das hört sich sehr schmerzhaft an, innerlich fühle ich mich jedoch total entspannt und gut. An den weiteren Teil des Abends kann ich mich nicht erinnern. Heute weiß ich, dass ich an dem Abend in Trance gefallen bin. Damals war das nur eigenartig.

So nach einer Stunde kam ich wieder zu mir. Ich öffnete die Augen und sah, wie die Teilnehmenden sich in den Armen lagen. Ich fand es leicht befremdlich, dass der Raum grad eben noch so normal gewesen war, und nun lagen sich die meisten weinend und tröstend in den Armen. Ich selbst hatte jetzt einfach nur Hunger. Ich wollte endlich zu Abend essen.

Am nächsten Tag trat Wai – so hieß die «kleine, süße» Schamanin – zum Frühstück an meinen Tisch und fragte mich, ob ich wisse, dass ich schamanische Energien in mir trage. «Shamanic energies? Me? No.» Sie ließ es gut sein, und wir verbrachten den ersten Seminarmorgen. Beim Mittagessen kam sie wieder an meinen Tisch. Wir redeten aneinander vorbei über dies und das. Dann schaute sie mich an und fragte nochmals: «Do you know that you carry shamanic energies?» – «No.» Wieder wendete sie sich ab und ging ihres Weges.

Am Abend, kurz nachdem alle meinen Tisch verlassen hatten und ich abräumen wollte, kam sie wieder. «Do you know that you carry shamanic energies?» Ich wollte Luft holen, um wieder zu verneinen, da haute sie ihre Faust auf den Tisch. «Ich hab es jetzt drei Mal zu dir gesagt. Nun kannst du kein schwarzes Tuch mehr darüber werfen! Jetzt musst du es dir anschauen!»

Ich wusste nicht warum, aber mir schossen die Tränen in die Augen, und Wai sagte: «Ich weiß, warum du weinst.» Nun begann auch sie zu weinen. «Es ist die Verantwortung. Und die Bestimmung. Andere können wählen, was sie sein wollen. Wir beide nicht. Wir können uns nicht auswählen, was wir werden möchten und wie wir das leben wollen. Heiler können beschließen, dass sie Heiler werden wollen, und sie können sich verschiedene Heilweisen aneignen, die sie interessieren. Wir aber werden irgendwann gerufen, und dann sind wir aufgefordert, unsere Gabe zu leben. Wenn wir das nicht tun ... na, du hast nun ja erfahren, wie sich das anfühlt.» Und so weinte ich mit der Frau, die meine Lehrerin werden sollte, im tiefen Verstehen von etwas, das für meinen Kopf noch nicht zu fassen war.

Bevor ich aber meine Reise beginnen sollte, unternahm ich noch einen letzten Fluchtversuch. Kurz nach der Abschlusszeremonie räumte ich schnell meine Sachen zusammen und verließ sofort den Raum. Aaaber, da hatte ich die Rechnung ohne meine Begleiterin gemacht. Sie ging nach vorne und sagte: «Nun, da du ihr gesagt hast, dass sie eine Schamanin ist, wie geht es mit ihr weiter? Ich meine, was soll nun geschehen?» Wai überlegt für ein paar Sekunden, dann sagt sie: «Nächste Woche ist ein Seminar. Sie soll da hinkommen. Sie soll nicht rumsitzen. Die muss arbeiten. Sie wird meine Assistentin. Danach fängt eine Weiterbildung an. Dort kann sie auch assistieren und dann einfach überall, wo ich bin. Die Daten sind auf meiner Website.» Na, vielen Dank!

Es beginnt eine Zeit der Annäherung. Ich beschließe, dem Ganzen eine Chance zu geben. Zum einen habe ich nichts zu verlieren. Vor rund einem halben Jahr habe ich meine Karriere als Sängerin an den Nagel gehängt. Der Zwang, in bestimmte Schubladen zu passen, der Wettstreit darum, zu den VIPs zu gehören, die Radiotauglichkeit meiner Lieder und die ewige Frage, ob das denn auch verkäuflich sei – das alles hatte für mich das Maß des Erträglichen überschritten. Ich liebe es, auf der Bühne zu singen und die Menschen mit meiner Stimme zu berühren. Das ganze Drumherum ertrug ich jedoch nicht mehr.

Als Erstes werde ich in Wais Seminaren überrascht vom Neid, der mir von einigen Teilnehmenden entgegenschlägt. Die wollen doch tatsächlich meinen Platz einnehmen! Am liebsten würde ich ihnen zurufen: «Das könnt ihr liebend gerne! Ich möchte ja einfach nur glücklich sein. Möchte singen, CDs aufnehmen und Musik schreiben. Mehr nicht. Dieses ganze Schamanending steht bei mir nicht auf der Wunschliste! Hier, nehmt mir diesen Teil meiner Bestimmung ab.» Ich verstehe gar nicht, warum es so toll sein soll, eine Schamanin zu sein. Man hat keine klaren Arbeitszeiten, ist ständig mit dem Wohl der Schöpfung beschäftigt, hat je nach Begabung einen Gefühlsraum wie ein großer Bahnhof, in dem die Züge und Reisenden ein und aus gehen, keine Ruhe vor Verstorbenen oder sonst irgendetwas. Man bekommt es dauernd mit Dingen zu tun, die über das hinausgehen, was man selbst fassen kann ... Also ich finde das definitiv nicht attraktiv.

Im ersten Jahr meiner Ausbildung bei Wai fahren wir zu einem Schamanenkongress in Österreich, wozu rund 15 Schamanen aus aller Welt geladen sind und der von vielen Suchenden und Findenden besucht wird. Meine Lehrerin bekommt ein 4-Sterne- Zimmer mit Salon, während ich zu den Assistenten ins 0-Sterne-Nebenhaus einquartiert werde. Mir gefällt das. Ich fühle mich wie einer der 7 Zwerge, die für eines der 15 Schneewittchen Sorge zu tragen haben.

Im Nebenhaus tauschen wir uns aus, und ich begegne einer Welt, die mir bis dahin unbekannt war. Meine Ohren und Augen saugen alles auf, was es zu sehen, zu hören und zu lernen gibt. Die anderen Assistenten erzählen mir von ihren Schamanen spannende Geschichten. Als ich am ersten Tag dann aber meine künftigen Berufskollegen ins Auge fassen darf, kommt bei mir das große Heulen. Ich habe hochentwickelte Seelen erwartet, und nun blicke ich in einen Raum mit hochentwickelten Egos. Das darf doch nicht wahr sein! Wenn das meine Vorbilder sein sollen und ich so werden soll wie die, dann will ich sofort nach Hause! Ich habe mit der Musikwelt nicht gebrochen, um hier dasselbe in Grün zu durchleben!

Vorsichtig beginne ich dazu ein Gespräch mit Wai und versuche zunächst zu orten, ob sie das auch so sieht. Immerhin ist sie ja eine von denen ... Ich frage, wie es denn sein kann, dass jemand, der so ein großes Ego hat, auch ein großer Schamane sein soll. Denn ... Ich hole tief Luft und beschreibe ihr mein Bild von einem Heiligen, der bescheiden ist, dem Ganzen dient und sich selbst nicht so wichtig nimmt. Sie hört mir geduldig zu und sagt, dass ich vorschnell urteile. Ich solle den Schamanen – es sind fast lauter Männer hier – bei der Arbeit zuschauen. Dort werde ich weniger ihrem Ego als ihren Talenten begegnen. Hm. Ich suche nach einem Vergleich, den ich verstehen kann. «Ist das so wie bei den Sängern? Ein außerordentlich guter Sänger kann ein ordentlich aufgeblasener Egoist sein. Wenn er sich aber im Moment des Singens frei macht von seinem Eigenen, so scheinen sich die Tore des Himmels zu öffnen. Dann werden Momente möglich, in denen sich in unseren Ohren und Herzen Himmel und Erde begegnen können.» – «Ja, aber das Ego ist nicht nur etwas Schlechtes. Wir brauchen ein Ego. Es bringt uns voran!»

Das Ego? Ich dachte, es gehe darum, es los zu werden! Das Ego ist dieses kleine Fresserchen, dass mehr und mehr haben möchte, das andere ausbootet, wenn's hart auf hart kommt, und dass sich einen Scheiß um das Wohl der Menschheit kümmert. Hauptsache, es geht ihm gut. Wenn's hoch kommt, auch noch seiner Familie. Aber die Nachbarn müssen selbst schauen. Am besten zum Fresserchen rüber und bewundern, was für ein toller Hecht es ist ... denn Aufmerksamkeit, Geld und Erfolg sind seine Nahrung. Aber ich sage nicht, was ich denke, und frage stattdessen, wie sie das genau meint. «Wenn dein Sänger ohne Ego ist, kommt seine Karriere nirgends hin. Dann ist er ein Juwel, das die Welt nicht zu hören bekommt, da er beim Singen nicht über den Duschkopf als Mikrofon hinauskommt.» Wir reden einen ganzen Abend lang, und ich beschließe, trotz allem nicht so zu werden wie meine neuen «Vorbilder».

In meinen Pausen gehe ich also die andern beobachten und lerne bald, wie die schamanische Tätigkeit sehr unterschiedlich interpretiert wird. Die eine Frau arbeitet über Tanz und Zeremonie. Sie hat ein Grüppchen Untergebene um sich versammelt, die für sie Musik machen oder ihr als ihre Schamanenanwärterinnen assistieren. Ein anderer stellt mit Hilfe der Geistwelt eine Medizin her, mit der er, wie man sagt, vieles zur Heilung bringen kann. Einer ist Geschichtenerzähler und Clown, er bereist die Unterwelt und nimmt Leid von andern auf sich. Wieder einer kennt sich aus mit Pflanzen und berät sich mit Naturgeistern, welche Medizin für den Klienten die Richtige ist. Die Talente sind verteilt, und ich werde auch in Zukunft immer wieder erstaunt feststellen, dass der eine Schamane jenes nicht kann, während der andere Schamane dieses nicht kann ... Ich werde noch oft über meine Projektionen stolpern und über die Hoffnung, endlich meine Spiegel gefunden zu haben.

Zu Hause angekommen, würde ich am liebsten sämtliche Bücher über Schamanen verschlingen, die sich finden lassen. Mich mit Informationen eindecken, mich durch Lebensgeschichten wühlen und mit meinem Verstand alles durchkauen, was sich an Material beschaffen lässt. Aber seit Wai mir an dem ersten Tag unserer Begegnung dieses schwarze Tuch weggezogen hat, bekomme ich, wenn ich länger als zehn Minuten in einem Buch lese, starke Augenschmerzen. Natürlich gehe ich zu einem Augenarzt und besorge mir eine Brille. Aber nichts da. Die geistige Welt oder irgendetwas in mir hat offenbar beschlossen, dass ich mein Wissen anderweitig besorgen und meinen Kopf schonen soll. «Du möchtest lesen? Lies im Buch deiner Zellen, lerne, indem du lehrst, und mach' Erfahrungen, die dir den Zugang zum Wissen freilegen», lautet die Antwort, die mein Inneres nach mehreren fehlgeschlagenen Versuchen hochspült.

In die Tiefe gelangen

Im traditionellen Judentum wird den Frauen bis heute die Ausbildung zu einem geistlichen Amt verwehrt. Auch das römisch-katholische Christentum sieht keine Priesterinnen, geschweige denn einen weiblichen Papst vor, und auch im Buddhismus sind gewisse Einweihungen noch immer nur für Männer zugänglich. Als ich mal mit Wai beim Essen war, schaute sie mich plötzlich mit einem ernsten Blick an und fragte: «Kennst du den Film *Whale Rider*?» – «Ja, das ist doch der Film über ein Maorimädchen, das mit einem Talent zum Stockkampf zur Welt kommt, was eigentlich nur bei Jungen gefördert wird. Sie zieht es aber so stark in diese Kampfkunst, dass sie die heftigen Widerstände ihres Großvaters und ihrer Umgebung nach und nach unter großem Leiden durchbricht ...» – «Ja, richtig. Und weißt du was? Du bist so ein Mädchen in deiner Welt.» Ich denke, dass sie da ein bisschen dick aufträgt, lasse es aber stehen. Wir sind überhaupt nicht religiös aufgewachsen. Meine Mutter hatte mit Religion gebrochen, als sie mit 14 vor ihrem Stiefvater geflohen war. Er soll sie mit seiner ultraorthodoxen jüdischen Religiosität geradezu gequält haben. Sie erzählte kaum von dieser Zeit. Ich denke, es muss sich viel Leid ansammeln, bis ein Mädchen beschließt, an der Pforte eines Kinderheimes anzuklopfen.

Religion war fortan für meine Mutter ein rotes Tuch. Auch dann noch, als der Himmel ihr ein Mädchen geschenkt hatte, das in sich ein großes Bedürfnis nach Spiritualität verspürte. Ich kann mich erinnern, wie ich unter der Bettdecke Zwiesprache mit Mutter Maria hielt oder meine Kindergebete heimlich sprach. Auch wollte ich unbedingt am andern Ende der Straße in die evangelische Sonntagsschule gehen. Vorne beim Anfang der Straße war eine kleine Kapelle. Der Vater unserer Nachbarin hatte sie erbauen lassen. Über dem Eingang prangte ein Symbol, das mein Interesse auf sich gezogen hatte: ein Kreuz mit einem Davidstern darüber. Das erregte meine Fantasie. Was das wohl für Menschen waren, die dort reingingen? Und noch spannender: Was taten die dort drin, wenn sie nicht sangen? Zu gerne wollte ich dieser Frage nachgehen. Als Maus wollte ich das tun, als Verteilerin von Pausenbroten, aber nicht als Ich.

Das fühlte sich zu sehr nach Risiko an. Und so lenkte ich meinen Wunsch nach Spiritualität auf etwas Ungefährlicheres. Auf die Sonntagsschule am andern Ende der Straße. Schon bald war ich enttäuscht, als sich herausstellte, dass dort vorwiegend gebastelt wurde. Dass meine Eltern mich nach meinen Besuchen bei «diesen Frommen» mit Witzeleien empfingen, gab mir dann den Rest, sodass ich es bald bleiben ließ.

Meine Großmutter väterlicherseits dagegen war ein bisschen der Kirche zugetan. Ich glaube, sie war es vor allem, weil sie damit meine Mutter ärgerte. Für sie war es nicht einfach, dass mein Vater eine Jüdin zu ihr in die Familie gebracht hatte. Sie bestand darauf, dass wir christlich getauft wurden, und setzte sich damit durch. Die beiden Frauen entwickelten eine Art Hass-Liebe. Es war schwierig, meine Mutter nur zu hassen, denn sie brachte viel Leben in die Bude; wo sie war, waren viele Menschen und Geschichten. Meine Großmutter wohnte im selben Haus wie wir, und sie kam fast täglich zu Besuch. Mein Vater nannte sie Cheeser, weil sie gerne Weichkäse aß, doch damit vermochte sie meine Mutter die Wände hochzutreiben. Wenn es für meine Mutter eine Religion gegeben hätte, so wäre es eine Religion des Kochens und Essens gewesen. In dieser Kirche wäre sie die Oberpriesterin geworden. Sie kochte für ihr Leben gerne. Am liebsten für Gäste, die beim Essen dann andächtig Ahs und Ohs von sich gaben.

Wenn jemand auf Diät war, nahm sie das als persönlichen Affront. Da kannte sie kein Pardon. Einmal war ein Millionär mit seiner Frau zu uns zum Essen eingeladen. Er war an den Bildern meines Vaters interessiert und ließ sich ganz nebenbei von meiner Mutter bekochen. Wobei, vielleicht war es ja auch umgekehrt: Er war am Essen und an den Gesprächen mit meiner Mutter interessiert, und nebenbei kaufte er ein paar Bilder meines Vaters. Jedenfalls sagte die Gattin beim Eintreten, mit der Nase die Luft abtastend, dass sie allergisch auf Knoblauch sei. Meine Mutter bedankte sich lächelnd für die Information und verschwand in der Küche. Als ich dazu kam, konnte ich beobachten, wie sie just in dem Moment einen Teil des Essens, das sie für alle gekocht hatte, grimmig in ein separates Kännchen goss. «Was tust du damit?» – «Das ist für Frau Soundso. Sie hat gesagt, sie sei allergisch auf Knoblauch. Wollen wir doch mal sehen, wie allergisch sie ist.» Dann rief sie alle zu Tisch und ich bemühte mich, die Millionärsfrau nur tröpfchenweise anzustarren. Noch nie hatte ich einen allergischen Anfall gesehen und so harrte ich gebannt des Dramas, das kommen würde. Vielleicht würde ihre Zunge plötzlich riesig anschwellen, sodass sie sie rausstrecken müsste, um nicht zu ersticken? Oder sie würde von einem schrecklichen Juckreiz überkommen und würde herumtanzen wie eine wildgewordene Sau? Vielleicht würde sie eine Schwitzattacke bekommen, das dicke Make-up würde von ihr abtropfen und ihr eigentliches Gesicht freigegeben ... Meine Mutter zwinkerte mir zu. Sie hatte recht gehabt. Es geschah nichts dergleichen. Die Dame hatte bloß Angst vor einem schlechten Atem.

Einige Jahre darauf, als ich anhaltend von körperlichen Symptomen gepeinigt wurde, erlitt ich in einem Restaurant einen Kreislaufzusammenbruch wegen Knoblauch. Von da an reagierte ich mehrere Jahre lang schlecht auf dieses wunderbare Gewürz. Meine Mutter musste das wohl als eine schroffe Zurückweisung ihrer Kochkunst, als eine Abwehr ihres Gottesdiensts am Wunder des Lebens, auffassen. Auf meine Bitte fortan keinen Knoblauch in mein Essen zu verarbeiten, antwortete sie: «Du isst keinen Knoblauch mehr? Dann koche ich von heute an nicht mehr für dich.» Damit war das Thema erledigt. Mit Religiösen legt man sich besser nicht an.

Eines Tages nahm unsere Großmutter ihre beiden Enkelkinder in die katholische Kirche mit. Sie wollte uns damit beeindrucken. Sie war eine hervorragende Geschichtenerzählerin, und so zog sie uns mit Erzählungen über die Statuen und Bilder, die an den Wänden hingen, in den Bann. Mit einem Mal war mein Bruder verschwunden und mit ihm auch gleich das ewige Licht. «Um Himmels willen! Du hast das ewige Licht ausgeblasen! Das ist nicht einfach eine Kerze mit einer Flamme!», flüsterte die Großmutter so laut und eindringlich wie ihre Stimme es ihr erlaubte. «Das kommt vom Vatikan! Das Licht wurde in Italien angezündet! Oje. Jetzt müssen wir nach Italien zum Papst fahren und ihn bitten, das Licht wieder anzuzünden. Das ist eine lange Reise!» Sie wartete schweigend. Als sie unsere pochenden Herzen bis zu den Hosen runtergerutscht wähnte, schaute sie sich um. Niemand war zu sehen. Worauf sie aus ihrer Tasche ein Feuerzeug kramte, das entheiligte Licht entzündete, den Zeigefinger auf ihre Lippen legte und flüsterte: «Das bleibt unter uns. Das erzählt ihr niemandem. Versprochen? N i e m a n d e m!»

Eines Tages – ich war noch ein kleiner Knopf – wollte ich überprüfen, was meine Mutter zum Thema Sterben zu sagen wusste. Ich fragte sie also: «Was passiert, wenn jemand tot ist?» – «Wie meinst du das?» – «Na, was geschieht mit ihm?» – «Wenn jemand tot ist, ist er tot. Dann wird er begraben und zerfällt, bis es ihn nicht mehr gibt.» Hm. Ich frage nochmals nach, aber meine Mutter besteht darauf, dass wenn fertig ist, es fertig ist. Und Punkt. O. k. So gehe ich eben meinen Vater fragen. «Du, was passiert mit mir, wenn ich gestorben bin?» Mein Vater ist ein bisschen langsamer. Er scheint zu überlegen, ob er das, was meine Mutter in der Küche grad in einem Satz gesagt hat, für mich in eine Geschichte verpacken soll. Das Malen geht für ihn aber vor, und so entschließt er sich für die kurze Variante: «Na, dann ist dein Leben beendet. Dann beerdigt man dich im

Grab deiner Großmutter.» – «Und dann?» – «Dann ist fertig.» Ich drehe mich auf dem Absatz herum und verlasse sein Atelier, das immer nach Terpentin und Öl riecht. Wo die Farben ausliegen, als ob sie rufen würden: «Nimm mich! Nein, mich! Hier bin ich! Mal mich!» Ich bedauere beide aus tiefstem Herzen, sie haben keine Ahnung, dass das Leben weitergeht.

Überhaupt haben sie nicht viel Ahnung von diesen Dingen, auch nicht von dem, was mir widerfährt. Antworten bekomme ich so manch ein Mal auf gänzlich unorthodoxe Weise. Einmal nimmt mein Vater mich ins Gebet, da er meint, dass ich mich mit meinen Talenten verzettle. Ich folgte meinen Neigungen ohne klaren Kurs auf ein bestimmtes Projekt oder eine berufliche Tätigkeit zu. Beim Zeichnen heißt es, ich solle Kunstmalerin werden, beim Singen, ich solle Sängerin werden, überdies bietet mir eine Schauspielgruppe einen Ausbildungsplatz in ihrem Ensemble an. Und wenn ich beginne zu tanzen, erfasst mich eine solche Innigkeit, dass ich alles um mich herum vergesse und bis zum frühen Morgen die Füße nicht mehr ruhen lassen kann. Ich bin kurz davor, über die Schwelle ins Erwachsenendasein zu treten, und noch immer scheint meine berufliche Ausrichtung alles andere als klar zu sein.

An dem Morgen schaut mich mein Vater mit einem Blick an, der mir gleich klarmacht, dass er nun etwas Wichtiges sagen will. «Orna, wenn du in die Tiefe gelangen willst, so musst du dich für eines deiner Talente entscheiden. Wenn du in alle Richtungen gleichzeitig gehst, kommst du nirgendwo wirklich an. Dann bleibst du an der Oberfläche, und das will so gar nicht zu dir passen.» Ich höre, was er sagt, und verstehe auch, was er meint. Aber wie soll ich bloß wählen? Ich tue das alles doch gerne! Ich liebe das Schauspielern, das Schreiben, das Tanzen, das Singen ... Er versteht und beschließt sein Vater-Tochter-Gespräch mit den Worten: «Du musst deine anderen Talente ja nicht wegmachen. Die können, nachdem du in einem deiner Talente richtig gut geworden bist, wieder dazukommen. Vielleicht ergänzen sie dann das eine, mit dem du in die Tiefe gehst. Vielleicht entsteht dann etwas, bei dem du das alles wieder gut gebrauchen kannst. Etwas, das uns heute noch nicht mal in den Sinn kommt.»

Die folgenden Tage bemühe ich mich, eine Entscheidung zu finden. Aber wie ich es drehe und wende, fühlt es sich nicht richtig an. Und so sende ich abends ein Stoßgebet gen Himmel, man möge mir von dort aus bei meiner Entscheidungsfindung helfen. Etwa einen Monat später überanstrenge ich meine Stimme und werde von einer derart schlimmen Heiserkeit erfasst, dass ich drei Wochen lang nur noch flüstern kann. Man muss sich das mal vorstellen. Kein Ton. Keine Sprechmelodie, die das Gesprochene zum Gegenüber trägt. Nur immer leises, neutrales Flüstern. Selbst wenn man sich nervt und seinem Gegenüber das sagen will, muss man ganz nahe an dessen Ohr ran und flüstern: «Jetzt hör aber mal auf!» Und dies dann auch noch ganz zart und zurückhaltend, denn sowie man Druck ins Flüstern reinmogeln will, tut es weh oder es droht das vollständige Flüsteraus.

Die erste Woche überstehe ich noch recht gelassen, aber allmählich merke ich, wie wichtig mir meine Stimme ist, wie sehr sie mir fehlt. Ich fühle mich mehr und mehr isoliert von der Welt und halte den Zustand immer weniger aus. Mittlerweile mache ich mir ernsthaft Sorgen, dass ich nie mehr werde sprechen, geschweige denn werde singen können. Eine furchtbare Vorstellung! Gegen Ende der dritten Woche habe ich das Gefühl, dass ich bald durchdrehe, wenn meine Stimme nicht zurückkehrt. Und so setze ich mich am Abend in meinem Bett auf, falte meine Hände und spreche ein ernstes Wort mit dem Himmel. Ich bete zu Gott und biete einen Handel an. Unüberlegt, die Not in meinem Herzen sprechen beziehungsweise rufen lassend: «Gott/Göttin, ich kann so nicht weitermachen! Bitte gib mir meine Stimme wieder! Ich halte das nicht mehr aus! Wenn du mir meine Stimme zurückgibst, werde ich Sängerin. Ich versprech's dir! Aber bitte, bitte gib mir meine Stimme wieder!» ...

Am nächsten Tag, als ich aufwache, ist meine Stimme zurück. Ich kann es kaum fassen. Was für eine klare Antwort! Danke.

Ein paar Jahre, nachdem sie es zu mir gesagt hatte, sollte ich mich wieder erinnern an Wais Worte, dass ich so ein Mädchen sei in meiner Welt wie das Whale-Rider-Mädchen in der Maori-Kultur. Als ein Freund ein Foto von mir sieht, das mich dabei zeigt, wie ich den Aaronitischen Segen singe, macht er mich auf die Haltung meiner Hände aufmerksam und erklärt mir, was ich bis dahin nicht gewusst habe: Beim Sprechen dieses jüdischen Segens hält der Cohen seine Hände in einer ganz bestimmten Geste. Auf dem Bild halte ich meine Hände unbewusst genau so.

Und Jahre später, als ich eine CD herausbringe mit althebräischen Psalmen und Gebeten, denke ich wieder an Wais Worte. Ich dachte, diese Musik werde in Israel mit Freuden aufgenommen. Doch es stellt sich heraus, dass Religiöse das nicht hören wollen, weil eine Frau es singt, und die Nichtreligiösen wollen keine Tehilim (Gebete) hören ... Mich spornt das nur an, weiterzumachen. Frauen zu ermutigen, die eine Gabe zur spirituellen Führerin, zur Priesterin, Vorbeterin, spirituellen Lehrerin und Ähnlichem haben, ihr Talent zu entwickeln und zu leben. Wenn Gott einer Frau wie mir das Talent gegeben hat, über Gesang eine Brücke zum Himmel hörbar zu machen, so kann er doch nicht wollen, dass ich schweige. Es ist Zeit, dass die Frauen zurückkehren in die Tempel und sakralen Räume und dort ihren Dienst verrichten, wo ihre Talente sich entfalten können und sie sie mit andern teilen können – wenn sie das wollen. Seite an Seite mit den Männern.

Sprung ins Wasser

In den ersten Monaten nach meiner Offenbarung fragte mich die Freundin, die mich zu Wai gebracht hatte, ob ich sie mal behandeln würde. Sie fühle sich bedrückt und im Herzen ein wenig eingeschlossen. Also nahm ich meine Klangschalen und begann mit ihr zu arbeiten. Ich hatte mich schon einige Jahre zuvor mit der Schwingung von Klängen befasst und war fasziniert von Klangschalen und Stimmgabeln. Ich hatte damit sogar schon Konzerte gegeben und Erfahrungen gesammelt mit der Heilkraft bestimmter Schwingungen. Ich legte ihr eine Klangschale zwischen die Füße und begann mit meinen besten Absichten in ihr Herz zu singen. Ganz schön schräg fand ich das. Aber es war in etwa das, von dem ich erwartete, eine Schamanin würde es tun. Schräg, aber getragen von den besten Absichten, und vertrauend auf die Kraft, die über das eigene Wesen hinausreicht.

Zu guter Letzt blickte ich sie fragend an. Es war eher der Blick eines Adlers auf seine Beute als der eines Labradors zu seinem blinden Menschenfreund. «Und?» – «Moment, ich kann noch nichts sagen.» Als sie nach fünf Minuten noch immer nicht weiß, ob sie einen Unterschied fühlt, rufe ich geradezu erleichtert: «Siehst du! Ich bin eben doch keine Schamanin! Ich bin nicht, was ihr in mir seht!»

Betreten verabschiedet sie sich und ich verstaue verärgert meine Ausrüstung. Nach etwa drei Stunden klingelt das Telefon. Die Freundin, die ich behandelt habe, grüßt mich vorsichtig und sagt, dass es ihr merklich besser gehe. Der Druck auf dem Herzen sei fast weg und sie könne wieder freier und leichter in die Zukunft blicken. Nun ärgere ich mich erst recht. Das sagt die doch nur, damit ich wegen ihr nicht alles an den Nagel hänge. Bevor ich zum Angriff ausholen kann, beteuert sie, dass sie mir dieses Feedback nicht gebe, weil sie mich glücklich machen wolle. Es sei effektiv so! Offenbar habe es einfach ein bisschen Zeit gebraucht. Das kann doch nicht wahr sein ...

Wie der Zufall es manchmal will, begegne ich an einem freien Sonntag in der Schweiz einer Russin und deren Übersetzerin. Sie hat ein paar eigenartige Objekte aus Holz und Stein bei sich, die sie als «Kraftgegenstände» bezeichnet. In meinen Händen beginnen die Gegenstände zu pulsieren. Ich bin fasziniert, und auch die Russin strahlt etwas aus, das mein Interesse weckt. Wir verständigen uns über den möglichen Gebrauch der Objekte ein wenig über Körpersprache, Blicke und Spüren. Dann lässt sie ihre Begleiterin etwas für mich übersetzen, was diese mir verstohlen zuflüstert: Die Frau vom Baikalsee wolle mir etwas zeigen. Sie müssten dafür aber zu mir nach Hause kommen. Das offene Haus, in dem ich aufwuchs, wo viele Leute ein und aus gingen, die vielen Reisen in meiner Kindheit und vor allem mein Bedürfnis, einen Ort nur für mich zu haben, an dem ich in meiner eigenen Energie sein kann, ohne jemand anderen noch mitfühlen zu müssen, hat wohl bewirkt, dass ich selbst sehr zurückhaltend bin mit dem Empfang von Gästen. Aus irgendeinem Grund bin ich aber sofort Feuer und Flamme und mache einen Termin mit den beiden Frauen aus.

Ein paar Tage später empfange ich zwei gut gelaunte Fremde, die nach zwei Minuten Smalltalk gleich zur Sache kommen. Ich solle heißes Wasser kochen. Die Russin werde mein Feuer erwecken, und dazu müsse ich heißen Tee trinken. Ansonsten könnte ich innerlich verbrennen. O. k. Das klingt ja schon mal sehr ... verlockend. Nun zeigt sie mir Übungen, die mir sehr eigenartig vorkommen. Da sie mich dabei aber so ansieht, als ob sie keinerlei Witze dulden würde, tue ich brav alles, was sie zu mir sagt. Aufgefordert, ganz und gar meinen Bewegungsimpulsen zu folgen und dabei keinen Ablauf erzwingen zu wollen, hüpfe ich wie ein verstörtes Huhn im Wohnzimmer herum. Darauf folgt eine eigenartige Form von Turnübungen, die ich in einem gewissen Tempo absolvieren soll. Und heißer Tee. Immer wieder heißer Tee. Ich kann mich nicht an jede Einzelheit des Prozederes erinnern. Doch in der Tat stieg in der darauffolgenden Nacht in mir eine derartige Hitze auf, dass ich mich fragte, ob das nun eine Wallung war, von der Frauen im Klimakterium berichten. Eine befreundete Yogalehrerin, die das Ganze interessiert beobachtet hatte, sagte später zu mir, ihr seien die Übungen bekannt vorgekommen. Sie habe mal ein Buch in die Finger bekommen, in dem geheime Übungen beschrieben waren, wie sie fortgeschrittene Yogis praktizieren.

Von da an kommen die beiden Frauen noch fünf Mal zu mir, einmal die Woche. Die Übersetzerin ist immer dann schlecht zu verstehen, wenn sie selbst nicht versteht, was die Russin mir sagen will. Sie zeigt mir, wie man durch die Füße singt, und spricht von einem Schlüssel zur soundsovielten Dimension. Ich würde einen dieser Schlüssel in mir tragen ... Es ist hochinteressant und manchmal frustrierend, weil ich mich auf die Übersetzung nicht wirklich verlassen kann. Ich muss einen Weg finden, sie auch so zu verstehen. Nicht mit dem Kopf, sondern durch die inneren Bilder, die ich empfinde, während sie etwas beschreibt.

Beim letzten unserer Treffen sind ihre Beschreibungen derart komplex, dass sowohl die Übersetzerin als auch ich nicht mehr mithalten können. Ich frage drei- oder viermal nach. Beim letzten Mal Nachfragen blickt sie auf, sagt etwas und packt ihre Sachen zusammen, als ob sie einen wichtigen Termin vergessen hätte. Die Übersetzerin sagt, sie müssten nun gehen, und schon sind sie auf Nimmerwiedersehen zur Türe raus. Ich stehe unter Schock und brauche Tage, um mich davon zu erholen. Ich zermartere mir den Kopf, möchte verstehen, was da vor sich gegangen sein mag. Nach Tagen komme ich zum Schluss, dass dies wohl ihr letzter Hinweis gewesen war: «Zapf nicht dein Hirn an. Geh eine Stufe höher.» Das hätte sie mir auch netter sagen können. Aber Schamanen sind eben so. Sie machen aus einer kleinen Information gerne ein ganzheitliches Erlebnis.

Bald merke ich, wie sehr ich mit Wai einen Volltreffer gezogen habe. Für mich ist sie die ideale Lehrerin. Sie lehrt mich kaum etwas in dem Sinne, wie wir das von der Schule her kennen. Sie legt mir kein Werkzeug in die Hand, verbunden mit einer Anleitung, wie man es benutzt. Dafür aber schenkt sie mir das Vertrauen in meine Talente, wie ich es selber nicht habe. Sie ermutigt mich, und wenn das nicht reicht, verlangt sie von mir, mit der Gruppe zu arbeiten. Immer wieder ruft sie mir sozusagen zu: « Orna, spring!» Bereits an jenem Tag, als ich das erste Mal bei ihr war, bekam ich eine solche Aufforderung. Am Morgen nach dem Abend, den ich in Trance verbrachte, wodurch ihre gesamten Pläne für das Seminar gesprengt wurden, ruft sie durch den Raum: «Du!» – «Ich?» – «Ja, du. Sing etwas! Ich brauche Gesang, um in Trance zu gehen.» Man erinnere sich daran, dass ich kurz zuvor meine Karriere als Sängerin mitsamt dem Gesang an den Nagel gehängt hatte. Und nun fragte mich diese kleine herzliche Fremde, ob ich sie in Trance singen würde! Wer hat der bloß zugeflüstert, ich sei ein Boot, das nicht mehr ins Wasser will? Noch Jahre später rieb sie mir, auf sich selbst sichtlich stolz, unter die Nase, was für einen Volltreffer sie damals doch gelandet hatte.

Oder an dem Tag, als ich bei ihrer neuen Weiterbildungsgruppe ankomme. Ich bin einen Tag zu spät dran, und als ich das Seminarhaus betrete, ist es ungewöhnlich still. Und hier drin sollen angeblich 20 bis 25 Menschen sein? Es kommt mir ein sympathischer Mann entgegen, der mir zum Gruß zunickt, mir schweigend den Koffer aus der Hand nimmt und ihn auf mein Zimmer trägt. Dann schreibt er mir auf einen Zettel, dass sie heute alle in Stille seien und dass ich in einen kleinen Raum nach unten gehen solle. Ich würde dort schon erwartet.

Wai hat die SeminarteilnehmerInnen in vier kleine Gruppen aufgeteilt. Als ich dazukomme, trifft sie sich soeben mit einer Kleingruppe, der sie den Namen «die Medialen» verliehen hat. Darin hat sie alle versammelt, die medial begabt sind[1]. Ich komme also in diesen Raum, in dem rund sieben Frauen um einen Tisch sitzen. Nach einer warmen, herzlichen Begrüßung und einer kurzen Erklärung, dass sie grad dabei seien, mit einer der Teilnehmerinnen medial zu arbeiten, fragt Wai eben diese, ob sie je mit Indianern zu tun gehabt habe. Tatsächlich berichtet die Frau von einer Reise, die sie nach Amerika zu den Ureinwohnern führte. Und sie erzählt von einer sehr schwierigen Erfahrung mit einem Mann. Wai fragt, ob sie mit jenem Mann bei Gedenkstätten war oder Kraftplätze aufgesucht habe. Sie könne entsprechende Wesenheiten in ihrer Aura[2] sehen. Solche Wesen würden sich gerne an medial begabte Menschen hängen, da diese eine Art Resonanz dafür haben. Das würde die Trägerin aber ermüden. Sie habe in ihrem Auto sozusagen Mitfahrer, die sich gratis von ihr mitnehmen lassen und die auch noch bestimmen wollten, wo's langgeht. Wenn sie wolle, würden wir diese Wesen nun zurückschicken, wo sie hingehörten. Sie bittet alle, keine Angst zu haben und sich darauf zu konzentrieren, dass die Energien freie Bahn haben. Falls aber ein Wesen nicht rauswolle, sondern zu jemandem hineinwolle, so solle man es zu Orna schicken.

Wie bitte? Ich mache große Augen, schlucke dreimal leer und versuche lautlos den im Kreis sitzenden Frauen zu verstehen zu geben, dass sie das gefälligst bleiben lassen sollen. Mehr Wais Anweisung vertrauend als meinen lautlosen Protesten folgend, fühle ich nach einer Weile, wie mich in der Tat von zwei

Seiten plötzlich unangenehme Energien bedrängen. Ich gerate in Panik, zugleich weiß ich aber auch, dass ich das jetzt nicht gebrauchen kann. Klarheit! Klarheit! Klarheit! Und so rufe ich laut und deutlich in mir drin: «Verpisst euch! Haut bloß ab!», während ich die Fähigkeit mobilisiere, meine Not zu verbergen, und so aussehe, als würde ich alles unter Kontrolle haben und genau wissen, was zu tun sei. Als wir uns anschließend bei Tee und Gebäck von der Sitzung erholen, frage ich die Teilnehmerinnen des medialen Kreises, ob eine von ihnen mir einen Indianer auf den Hals gehetzt habe. Es stimmt also. Von zwei Seiten waren unerlöste Seelen aus einem Indianerstamm zu mir geschickt worden.

Oder mit Wai in Holland, als sie bei einem öffentlichen Auftritt daran ist zu erklären, was mediale Arbeit ist, und sie unverhofft zu mir herüberschaut und ohne Vorwarnung ankündigt: «Orna wird euch jetzt zeigen, wie das geht.» Ich blicke sie verdutzt an. Da sagt sie laut und für alle verständlich: «Du bist dran.» Ich frage leise zurück: «Was meinst du damit? Was soll ich tun?» Sie wieder laut und schön langsam, damit es auch alle mitbekommen: «Möchtest du ein Rezept? Eine Angabe zu was, wie viel, wie lange und so?»

Jetzt habe ich's kapiert. Wenn ich nicht sofort ins kalte Wasser springe, macht sie mich vor aller Ohren und Augen zur Schnecke. Dann werde ich vor lauter Scham im Boden versinken und erst in zwei Jahren auf der anderen Seite in Neuseeland wieder rauskommen. Und so springe ich.

Ruhe! Haut ab!

In meine Anfangszeiten gehört auch die Begegnung mit der Alten. Eines Tages, ich glaub, es war in Italien, sagt Wai: «Orna, ich denke, du solltest mal etwas machen. Magst du etwas ausprobieren?» Ausprobieren? Das klingt nicht gut. Aber das sage ich natürlich nicht, stattdessen nicke ich interessiert mit dem Kopf. Wai fordert mich auf, mich zu bewegen und meinen Impulsen ganz und gar zu vertrauen, mich bedingungslos von den Impulsen leiten zu lassen. Mir kommt die Übung mit der Russin in den Sinn, und so beginne ich den Impulsen von Stimme und Körper zu folgen. Leider kann ich nicht beschreiben, was und wie es darauf mit mir geschah, da ich wohl wieder in eine Art Trance gefallen bin.

Aber als ich wieder zu mir komme, ist die Alte an meiner Seite. Sie ist eine Gestalt aus geistigem Stoff, frei von Materie. So etwas wie die Wärme des Ofens ohne Ofen. Oder eine Stimme ohne brennenden Dornbusch. In mir öffnet sich eine Erinnerung aus Kindertagen. Wie ich damals in den Spiegel schaute und fasziniert mein Gesicht betrachtete. Ich dachte: «Seltsam, mich so jung zu sehen. Ich bin doch viel, viel älter!» Und sogleich flitzt die nächste Erinnerung herein. Vor dem Spiegel tanzend mit einem Stock. Das Gefühl, so ein Stock gehöre zu mir. Ich werde mal einen Stock haben. Ich liebe meinen Stock ... um mich der nächsten Erinnerung hinzugeben. So um Anfang zwanzig herum. Mein Vater und ein Sänger legten mir damals ans Herz, mich am

Konservatorium zu bewerben. Wenn ich Sängerin werden wolle, dann solle ich es richtig tun. Mit einer fundierten klassischen Ausbildung. Ich wusste nicht, ob ich das auch wollte, und versuchte ein Gefühl für das Richtige in mir zu finden. Da vernahm ich diese Stimme in meinem Innern. Die Alte. Sie sagte, dass eine Ausbildung am Konservatorium etwas Gutes sei. Sie könne mir aber auch einen Umgang mit der Stimme zeigen, den ich später an andern werde anwenden können ... Dafür müsse ich ihr aber vertrauen, mich von ihr führen lassen. Eine Ausbildung am Konservatorium wäre dafür dann für mich eher hinderlich, da meine Stimme für das, was sie mit mir vorhabe, dabei verbildet würde.

Man muss sich vorstellen, dass mir damals jedes Bewusstsein dafür fehlte, wie sehr die geistige Welt Teil meines Lebens war. Ich nahm sie ganz natürlich wahr, verbarg meine feinstoffliche Wahrnehmung genau so natürlich und identifizierte mich mit jenen Menschen, welche die geistige Welt nicht wahrnehmen. Eine Mischung, die eigentlich kaum nachvollziehbar ist. Jedenfalls kam ich zum Schluss, dass ich der Stimme in mir vertrauen wollte. Aber wie sollte ich das erklären? Hätte ich zu meinem Vater gehen sollen und sagen, dass sich eine alte weise Frau bei mir gemeldet habe, die ich ihm leider nicht vorstellen könne, da sie nicht in einem Körper lebt? Dass dies aber zweitrangig sei, denn – Vater, freu dich – die unsichtbare Alte wird meine private Gesangslehrerin? Und sie ist superbillig. Sie kostet dich nichts. (Wobei, da würde ich mich ein bisschen geirrt haben ...) Tatsächlich sagte ich eher etwas von Freiheit, von der Laufbahn einer Autodidaktin, von Zeit und

Erfahrung sammeln und ließ zwei Menschen mit den besten Absichten auf Granit beißen.

Die Stimme zeigte mir von innen heraus, wie's geht, oder schickte mich zu Seminaren, bei denen es im näheren oder weitesten Sinne um Gesang, Stimme oder innere Haltung ging. Ich lernte, mich innerlich auszurichten, meine Innenräume zu öffnen und aus jenem Ort heraus zu singen, an dem sich Himmel und Erde treffen. Dieser Ort, der in jedem Menschen ist. Man könnte ihn den Raum der Existenz oder den Raum der Entstehung nennen. Ich lernte, dass Singen weit mehr ist als Klang und Melodie. Dass unsere Stimme das Intimste ist, was wir teilen können. Wir können unser Herz nicht herausschneiden und es jemandem in die Hand legen. Aber wir können die Stimme, die auch da drin in unserem Körper ist, nach außen tragen und für andere hörbar machen. Unser Herz auf die Zunge legen und ein Liebeslied anstimmen oder etwas sagen, das uns auf dem Herzen liegt. Wenn man gut zuhört, so lässt sich an der Stimme die Stimmung eines Menschen ablesen, seine Blockaden und Talente, ja sogar die Lebenshaltung. Und so nahm ein Großteil meiner Ausbildung das Zuhören und Hineinhorchen ein. Ich wurde in der Ausbildung von meiner feinstofflichen Begleiterin angehalten, nicht nur auf den Inhalt des Gesungenen zu achten, sondern vor allem auch der Melodie zu folgen, dem Klang und dem Rhythmus ins Innere.

Bis ich in der Hochphase meiner sogenannten Schamanenkrankheit ein Ritual mache, um der geistigen Welt zu befehlen, mich fortan in Ruhe zu lassen. Ich bin etwa 28 und habe die Nase gestrichen voll von all den Wahrnehmungen, von den unerklärlichen Symptomen, die mich überfallen, von den eigenartigen Dingen, die in meinem Leben geschehen und die ich mit niemandem teilen kann. Ich will meine Ruhe! Einfach nur meine Ruhe! R u h e !

Also holte ich meine Wanderschuhe aus dem Keller und zog los. Immer weiter einen Berg hinauf. Egal welchen Berg, Hauptsache hinauf, um dem Himmel so nahe wie möglich zu kommen und Ihm in die Augen zu schauen und von Angesicht zu Angesicht Tacheles mit Ihm zu reden. Ich wollte ernst genommen werden und klarmachen, dass es mir ernst ist. Ich wollte keine Wesenheiten mehr wahrnehmen, keine inneren Bilder mehr sehen, die sich im Außen bestätigen, keine innere Stimme, die mich anleitet. Nichts von alledem. Nein, ich wollte einfach nur noch meine Ruhe haben. Irgendwann, schon ziemlich weit oben auf dem Berg, kam ich bei einem großen Baum an, der Stärke und Würde ausstrahlte. Der kam mir gerade richtig! Und so stellte ich mich vor den Baum hin. Mit kaltem Wind im Gesicht und einer großen Portion Wut im Bauch brüllte ich, dass die Engel mich endlich in Ruhe lassen sollen. Und die Alte und alle anderen, die mir reinredeten. Ich will meine Ruhe haben! Ich will euch nicht! Lasst mich endlich, endlich alleine! Haut ab!

Meine Wut war so stark, dass mir die Tränen in die Augen schossen. Die ganze Verzweiflung darüber, dass ich nicht verstehen konnte, was in meinem Leben vor sich ging, entlud sich in einem Wasserfall von schäumender, tränenspeiender Wut.

Es wirkte. Danach war niemand mehr da. Niemand, der mir dreinredete und Ratschläge gab.

Niemand, der mein Bestes wollte. Fortan hatte ich es nur noch mit meiner eigenen inneren Stimme und meinem eigenen Denken zu tun.

Bis zu dem Abend, als Wai die Himmelsrichtungen öffnete. Und ein halbes Jahr später, als die Alte in Italien wieder für mich wahrnehmbar wurde. Diesmal sollte sie mich nicht mehr aus der Distanz unterrichten. Sie begann meinen Körper zum Teil zu übernehmen. In einem der ersten Seminare, die ich in meinem neuen Dasein als angehende Schamanin gab, spürte ich, wie sie mich sozusagen beiseiteschubsen wollte. Dagegen wehre ich mich, ringe um Worte, verliere die Sätze und sage der Gruppe, dass ich grad innerlich am Kämpfen sei. Da wolle mich ein Geistwesen übernehmen, und ich wolle das aber nicht. Ich höre eine Teilnehmerin sagen: «Vielleicht ist das ja gut?» Ich überlege kurz, ob sie recht hat, und merke in der gleichen Sekunde, wie ich der Alten mit diesem Moment der Unsicherheit die Türe öffne. Schwupps ist sie drin und übernimmt den Unterricht. Als ich wieder zu mir komme, bin ich mir nicht bewusst, dass ich ganze zwei Stunden «gefehlt» habe. Ich komme mir bloß so vor, als ob ich bei einem langweiligen Dokumentarfilm eingeschlafen und schließlich mitten in einem Krimi wieder aufgewacht wäre. Die Teilnehmenden wischen sich Tränen aus den Augen, sie lächeln mich und einander dankbar an, und ich habe keine Ahnung warum.

Mein Coming-out

Meine Familie und der größte Teil meiner Freunde haben keine Ahnung von dem, was ich mache. Ich sage, dass ich in einer Weiterbildung bin oder drucksse herum und antworte knapp und unpräzise. Oder ich decke den Fragenden mit einer Rückfrage ein. Das klappt fast immer, da die meisten offenbar gerne von sich erzählen.

Ganz anders meine Tante. Wenn die etwas wissen will, so bleibt sie dran. Da sind wir uns sehr ähnlich. Für die Gespräche mit ihr muss ich die Kunst des Sichherausredens wirklich beherrschen. Nach vier Jahren Geheimniskrämerei merke ich aber, dass wir uns gefährlich weit entfremden, wenn ich ihr nicht mal reinen Wein einschenke. Eines schönen Nachmittags im Herbst spazieren wir in Basel übers Bruderholz. Wieder fragt sie mich, was ich denn so treibe, und ich beginne: «Ich ... äh ... also ... hm ... naja ...» Super. So macht man das. Nochmals hole ich tief Luft, fasse mir ein Herz und beschließe, ins Wagnis zu springen: «Ich habe da eine Frau kennengelernt. Sie kommt aus Neuseeland und ist eine Schamanin. Ich weiß bis heute nicht, was das genau ist. Eine Mischung aus Priesterin, Heilerin und Künstlerin oder so. Jedenfalls hat sie mich in die Lehre genommen, und nun ziehe ich mit ihr durch die Lande ...»

Vom aufmerksamen Zuhören meiner Tante ermutigt, entspanne ich mich mehr und mehr, erzähle immer flüssiger und beantworte ihre Fragen.

Genau so, wie ich das von ihr kenne, wünscht sie, mehr zu erfahren als nur zwei, drei nichtssagende Sätze. Nachdem sie ein ungefähres Bild von meinem Werdegang erhalten hat, breitet sich ein Schweigen zwischen uns aus. Es fühlt sich so an, wie wenn sie das Gesagte einatmen und erst mal in sich nachspüren möchte. Dann schaut sie mich an und sagt: «Weißt du, deine Musik, die Auftritte, deine Laufbahn als Sängerin, das alles finde ich sehr spannend. Da war aber immer ein Gefühl in mir, das mir sagte, irgendwie passe das noch nicht recht zu dir. Die Musikwelt mit ihrem Drumherum ist zu oberflächlich für dich. Nachdem ich jetzt deine Geschichte gehört habe, fühlt sich das so an, als ob du deinen Weg gefunden hast. Stimmig fühlt sich das an. Du bist ein tiefgründiger Mensch und irgendwie anders. Als du klein warst und ich dich gefragt habe, was ich dir mitbringen kann, hast du jeweils geantwortet: ‹Blumen. Bring mir bitte Blumen.› Das war schon ein bisschen komisch. Andere Kinder wünschen sich Spielsachen und meine Nichte möchte Blumen!» Ich kann es nicht fassen. Meine Tante entlarvt auf die sanfteste und schönste Weise, die ich mir nur vorstellen kann, wie viele Vorurteile ich ihr gegenüber hatte!

Jetzt, wo meine Tante Bescheid weiß, muss ich wohl auch meiner Mutter endlich reinen Wein einschenken. Dazu brauche ich noch ein Jahr Anlaufzeit. Und dann lasse ich sozusagen den Geist aus der Flasche springen. Das heißt, ich lasse sie bei einem Telefongespräch wissen, was ich da so treibe. Sie hört mir nicht lange zu, ruft am nächsten Tag jedoch gleich meinen Vater an und fragt ihn, ob er wisse, dass ich Schamanin geworden sei und mit so einer Eingeborenen herumreise. Sie ist empört, als sich herausstellt, dass mein Vater das bereits weiß. Aber sicher weiß er nicht, was das ist! Und so holt sie zum Schlag aus: «Ich hab mir gestern dazu ein Buch gekauft. Da steht, dass Schamanen aus Hawaii auch schwarze Magie betreiben. Die können Menschen heimlich manipulieren und so!» Natürlich ruft mein Vater mich sofort an, um mich vorzuwarnen, falls sie vorhat, mich unter ihre Lupe zu nehmen. Ich lache in den Hörer: «Sag ihr doch, sie habe mich erzogen, sie müsste es eigentlich am besten wissen, dass ich bestimmt keine schwarze Magie betreibe und auch nie betreiben werde.»

Das scheint sie zu beruhigen. Nicht viel später klingelt bei mir wieder das Telefon. Meine Mutter fragt nun, warum ich Hunapriesterin werden wolle. «Nicht Huna. Huna kommt aus Hawaii, glaub ich. Die Frau, die mich lehrt, ist Maori, sie kommt aus Neuseeland.» – «Maori? Neuseeland? Was hast du damit zu tun?»

O. k. Meine Mutter möchte wissen, was das mit *ihr* zu tun hat. Soll sie es wissen. «Ich habe ganz und gar nicht vor, eine Maori-Schamanin zu werden. Durch die Arbeit mit Wai befasse ich mich mit meiner eigenen Herkunft.» – «Aber wir sind keine Schamanen.» «Kannst du dich an die Familienforschung erinnern, die eine deiner Cousinen betrieb? Sie hat doch herausgefunden, dass dein Familienname zurückzuverfolgen ist bis zu den Kohanim[3]. Außerdem habe ich – weiß Gott warum – ganz offensichtlich die Gabe eines Chasan[4] geerbt, sagst du immer wieder.» «Ja, und?» «Na, großzügig zusammengerechnet mit allem andern, was bei mir mit dazu beiträgt zu sein, wer ich zu sein scheine, und leicht interpretiert, ergibt sich daraus so was wie ein jüdischer Schamane.

Wai inspiriert mich, an dieses alte Wissen, das in meinen Zellen gespeichert ist, heranzukommen. Ich habe ihr, als wir die Ausbildung begannen, gesagt, dass ich nur mitmachen werde, wenn ich keine Schamanin der Maori zu werden brauche. Kurz gesagt, befasse mich also mit den eigenen Wurzeln.» – «Und dazu musst du ans andere Ende der Welt reisen?» Das ist jetzt schwer zu verstehen, aber: «Ja, so ist es.»

Stille auf der anderen Seite der Leitung. Und dann: «Brauchst du Geld?»

Damit ist alles gesagt. Sie hat verstanden und beschlossen, mir ihren Segen zu erteilen.

Derweil braucht mein Vater etwa zwei Jahre, bis er sich die Wörter Maori und Neuseeland merken kann. Über Aborigines kommt er einfach nicht hinaus. Als er sich vorsichtig erkundigt, wie ich mich denn kleide, wenn ich arbeite, gesteht er mir gegenüber lachend seine Befürchtungen ein. Er hat sich doch tatsächlich versucht darauf einzustellen, mir eines Tages im TV mit Stirnband, Federn im Haar und Baströckchen dabei zuzusehen, wie ich Knochen hochwerfe. Auch er findet eines Tages seinen ganz eigenen Weg, um mir zu zeigen, dass er seinen Frieden mit meiner Berufung gefunden hat. Er bittet mich, bei der Eröffnung einer neuen Ausstellung von ihm zu singen. Am besagten Abend stellt er sich vor eine seiner Steinskulpturen und hält eine kurze Rede, was er sonst nie tut. «Kennen Sie Franz von Assisi? Man sagt, dass er mit Tieren sprechen konnte. Das ist nichts Besonderes. Das machen viele von uns auch.

Er aber konnte verstehen, was die Tiere ihm zur Antwort gaben. Für mich ist das sehr fremd, aber sogar die Kirche sagt, dass Franz von Assisi das konnte. Nun, meine Tochter tut das Gleiche mit Steinen. Sie hört, was die Steine ihr antworten.» Jeder auf seine Art. Damit hatte ich auch seinen Segen.

Fehlte nur noch mein Bruder. Ihm erzähle ich ungefähr in meinem dritten Lehrjahr sehr zurückhaltend von meiner Begegnung mit Wai und deren Folgen. Er hielt mich schon immer für ein wenig eigenartig, und so ordnete er meine rege Reisetätigkeit unter «Orna halt» ein. Eines Tages, etwa drei Jahre darauf, drehte er einen Dokumentarfilm über unsere Familie und deren Formen des Glaubens. Mein Bruder ist Filmregisseur und Kameramann. Da kam ihm seine Schwester gerade recht. Eine Schamanin. Wer kann so was schon vorweisen! Und so fragte er, ob er mich in Aktion filmen dürfe. Während der Arbeit mit einer Gruppe.

Wir klären ab, ob er mit seinem Kamerateam nach Holland zur «School of Shamanism» kommen kann. Ob die Schulleitung und die Gruppe offen wären für so ein Projekt. Ich werde jedes Jahr als Dozentin dorthin eingeladen, und sowohl Studenten wie Leitende sind damit einverstanden, dass mein Bruder uns bei der Arbeit über die Schulter schaut, Interviews macht und filmt. Es kostet mich große Überwindung, nicht nur vor meinem Bruder offenzubleiben, sondern auch, mich vor der Kamera zu zeigen. Ich weiß, wie schnell man zur Witzfigur werden kann, wenn es den Verkaufszahlen dient, und ebenso weiß ich, dass die Menschen lieber einen Verriss sehen als einen wertschätzenden Bericht. Während der

Aufnahmen lächelt er immer wieder mal zu mir rüber, wechselt Blicke mit seinem Kameramann, die ich nicht deuten kann, und spricht mit Teilnehmenden über deren Ansichten und Erfahrungen. Als der Tag zu Ende ist und er seine sieben Sachen zusammengepackt hat, kommt er zu mir, um sich zu verabschieden. Er sagt: «Ich verstehe immer noch nicht, was du da eigentlich tust. Und ich finde das alles hier nach wie vor ziemlich eigenartig. Aber ich muss sagen, zu sehen, wie sich die Körpersprache und der Blick in den Gesichtern in dieser kurzen Zeit bei deinen Teilnehmenden gewandelt hat, das beeindruckt mich sehr!» Danke. Danke mein lieber, großer Bruder, das bedeutet mir viel.

Als ich bei Wai einsteige, wird bald klar, dass nicht nur sie für mich, sondern auch ich für sie gut bin. Wir gehen die Dinge ähnlich an, beide sind wir sehr spontan und arbeiten aus dem Moment heraus. Viele finden das chaotisch. Wir finden das lebendig. «Eintunen auf das, was ist, und nicht dem, was ist, sein Programm aufzwingen.» Es fühlt sich fast so an, als ob wir verwandt wären. Mutter und Tochter. Ich empfinde mit der Zeit enorm viel Liebe und Wertschätzung für sie. Als sie sagt, in ihrer Familie würden die Menschen früh sterben, kann ich meine Tränen nicht zurückhalten und weine heimlich in einem Bus auf der Fahrt nach Amsterdam. Ich verberge die Tränen in meinem Pullover, hinter dem ich mein Gesicht verberge, ob der Vorstellung, dass ich sie in ein paar Jahren verlieren könnte. Unvorstellbar!

Wenn wir zusammen sind, lachen wir viel. Sie kann unglaublich weise und zärtlich mit Worten umgehen. Dann wieder kann sie eine Rede so sehr mit Pfeffer und scharfem Paprika würzen, dass die Ohren brennen und das Herz zu schwitzen beginnt. Manchmal sagt sie: «Die Neuseeländer werden dich lieben. Du bist mehr eine von uns als eine Europäerin. Wenn du zu uns kommst, muss ich auf dich aufpassen. Die wollen dich bestimmt dabehalten.» Ich trinke die Wertschätzung, die sich aus ihren Worten ergießt wie Medizin, wie Balsam, der mich pflegt für die vielen Jahre, in denen ich mich abgewiesen fühlte. Die Vorstellung, dass es da ein Land gibt, in dem Menschen wohnen, die nicht nur meine Art schätzen, sondern mir sogar ähnlich sind, wird für mich lebendig und verlockend.

Singen gegen den Regen

Und dann ist es so weit. Wir fliegen um die halbe Welt. Als ich mit dem Pass durch die Kontrolle bin, begrüßt mich ein Polizeibeamter mit den Worten: «Hello, my love.» Spätestens damit ist meine Neugier geweckt. Was ist das für ein Land, in dem man an der Grenze von einem Uniformierten mit «Hello, my love» begrüßt wird?!

Die automatische Schiebetür vom Flughafen öffnet sich, und vor mir sehe ich – die Schweiz unter einem Vergrößerungsglas. Ich brauche einen Moment, um mich von der leisen Enttäuschung, die dadurch in mir aufblitzt, zu lösen. Da nimmt man viel Geld in die Hand, fliegt mehr als zwanzig Stunden rund um den Erdball, nimmt einen furchtbaren Jetlag auf sich und landet in einem Land, das aussieht wie jenes Land, aus dem man gerade kommt, nur ein bisschen größer.

Es stellt sich heraus, dass dieser kleine Unterschied eine ganz andere Mentalität formt.

Ich treffe auf entspannte, herzliche, interessierte, fröhliche Menschen. Kein Land und kein Mensch ist frei von Problemen. Aber die Atmosphäre hier lässt mich runterfahren. Take it easy.

Wai und ihre Crew haben alles gut durchgeplant und so fahren wir zu einem Marae (Meetinghouse) am Meer. Die Gruppe ist gefordert. Wir sollen alle im gleichen Raum schlafen, und dieser ist nur so groß, dass wir nur reinpassen, wenn wir darin Matratze an Matratze liegen. Nun nimmt die

Gruppendynamik an Fahrt auf beziehungsweise machen die Verhältnisse sogleich eine Biegung in Richtung Abgründe der menschlichen Bedürfnisse. Die Aussicht, den Sauerstoff mit ungefähr dreissig Mitschlafenden zu teilen, die Vorstellung, sich auch noch in der Nacht an die Bedürfnisse der Gruppe anpassen zu müssen, und die Entdeckung, dass die vier Toiletten draußen in einem andern kleinen WC-Gebäude untergebracht sind, löst bei den einen fragende, bei andern ungläubige Blicke aus, und manchen flüstert ein leiser Widerstand erste Bedenken zu. Für Empathiebegabte lässt so ein Vorhaben wie dieses das Gefühlsbarometer ziemlich tief sinken. Kein Schlaf in eigener Atmosphäre. Keine Erholung davon, die Gefühle anderer wahrzunehmen. Wie werde ich wohl aufwachen, nachdem ich die ganze Nacht in dieser Energiesauce verbracht habe? Und werde ich überhaupt schlafen können? Unter uns gibt es heftige Schnarcher, Klaustrophobiker, solche, die nicht neben Schnarchern, aber auch nicht mit Ohrstöpseln schlafen können, und Historiker, die fasziniert von den Geschichten sind, die in Form von Ahnenfotos an den Wänden hängen. Wai beginnt innerlich zu kochen ob der Unzufriedenheit, die überhandzunehmen droht. Es ist Zeit für einen ihrer «pepper speeches». «Ihr wollt lernen und wollt, dass alles schön mundgerecht in euren Kopf passt? Ihr wollt das Leben der Maori kennenlernen, und zugleich wollt ihr aber, dass hier alles so ist wie bei euch zu Hause? Ihr wollt euch entwickeln, gleichzeitig wollt ihr aber so bleiben, wie ihr seid? Ihr wollt etwas erleben, ohne dabei ins Schwitzen zu geraten? Dann bleibt doch zu Hause und schaltet den Fernseher ein!»

Damit spricht sich Wai erst mal warm. Sie wird während unserer Reise noch ein paar Mal nachlegen. Ihre Reden dauern meist so lange, dass auch der Letzte wenigstens ein bisschen von dem Unbehagen mitbekommt, das so eine Unterweisung mit sich bringt. Danach gehen alle ihren Zuständigkeiten nach und lassen das, was sie von Wai gehört haben, erst mal in sich sacken.

In der zweiten Woche veranschlagt Wai einen Healing Day. Jede und jeder soll irgendetwas anbieten, was er kann. Es habe sich schon herumgesprochen, dass Heilerinnen und Heiler aus Europa angereist seien. Die Maoris würden Heilarbeit lieben. Wenn sie hier einige Leute wissen lasse, dass wir einen Open Healing Day anbieten, so werde sich das schnell herumsprechen. Wir sind aufgeregt, einige sind regelrecht aufgescheucht. Was sollen wir hier bloß anbieten?! Sogleich finde ich mein Schlupfloch. Ich biete mich als Vermittlerin an. Ich begrüße die Ankommenden und vermittle ihnen dies oder das. Je nachdem, was zu wem passt. Auf diese Weise bin ich mitten im Geschehen und muss mir nicht den Kopf darüber zerbrechen, welche Art von Heilungsarbeit ich denn anbieten könnte. Ha! Damit hab ich den Kopf wohl schlau aus der Schlinge gezogen. Alle sind derart beschäftigt mit den eigenen Ängsten, dass sie froh sind, dass jemand das Ganze koordinieren mag. Sogar Wai segnet meine selbstgewählte Rolle schmunzelnd und kopfschüttelnd ab. Im Gegensatz zu mir ahnt sie, dass das Leben mir bestimmt schon bald wieder eine Gelegenheit bieten wird, dass ich in mir noch verborgene Talente entdecken kann.

Ich könnte ein ganzes Buch füllen mit Geschichten aus Neuseeland. Über die Kultur, die Menschen und was ich dort alles erleben durfte. Ich werde mich aber auf einige Einblicke beschränken.

Nach der Gruppenreise fahren wir zu fünft mit Wai an einen Ort, von dem es heißt, dass er energetisch außergewöhnlich sei. In alten Zeiten sei dort spirituell gelehrt und gearbeitet worden. Man wusste damals noch Bescheid über die Energieströme, die zwischen Himmel und Erde fließen, und verstand sich darauf, diese Energien für Heilungszwecke zu nutzen. Den Ort findet man derzeit aber nur, wenn er quasi gefunden werden möchte. Menschen, die ihn nicht aufsuchen sollen, verfahren sich schlichtweg so lange, bis sie aufgeben. Oder es gelingt ihnen nicht, einen Kontakt zur Hüterin des Ortes herzustellen, ohne deren Erlaubnis und Schlüssel man nicht ins Rundhaus kommt, das in liebevoller Gemeinschaftsarbeit wiederaufgebaut wurde.

Wir finden den Weg dorthin und werden freundlich empfangen. Uns steht das Glück bevor, eine Nacht ungestört in dem Haus zu verbringen und uns an dieser Energie laben zu dürfen! Und tatsächlich waren wir so naiv zu meinen, wir hätten in einem energetischen Wellnesshotel eingecheckt, wo die spirituellen Batterien wieder aufgeladen werden. Vielleicht würde uns dort sogar die eine oder andere Erleuchtung ereilen ...

Wai hüstelte schon auf der Reise. Sowie wir im Rundhaus waren, begann es zu regnen und die kühle Brise fühlte sich nun klamm und feucht an. Es gab nur eine einzige offene Feuerstelle, dort entfachten wir ein Feuer zum Kochen und um uns zu wärmen. Wir fröstelten, und Wai bereitete uns zunehmend Sorgen, ihr Husten, verbunden mit dem Asthma klangen nicht gut. Was sich vor einer halben Stunde noch als Gottesgeschenk angefühlt hatte, verwandelte sich unaufhaltsam in einen Albtraum. Wai bekam Fieber, und wir wussten nicht, wo das nächste Spital lag oder wo ein Arzt zu finden war. Nicht mal, wie wir zum nächsten Dorf hätten finden können. Wir steckten irgendwo fest im Nirgendwo, legten unsere Decken um Wai, kochten heißes Wasser auf dem Feuer und wurden still. Was hätten wir bloß tun können, damit sich diese kleine, zerbrechliche Frau nicht eine Lungenentzündung holte? Wenn doch bloß dieser Regen aufgehört hätte! Meine Reisegefährtinnen bereiteten Wai vor dem Feuer mit unseren Decken ein warmes Bett und begannen sie zu massieren und zu wärmen. Ich folgte meinem Impuls und dem mittlerweile verzweifelten Wunsch, dass es doch aufhören möge zu regnen, nach draußen.

In meiner Not folge ich meinen Füßen, denke nur noch: «Bitte, hilf mir zu helfen! Himmel, hör auf zu regnen! Hör auf damit! Bitte!» Da sehe ich auf dem Boden ein Kreuz und stelle mich drauf, blicke zum Himmel und lasse meine inständige Bitte, dass es aufhören möge zu regnen, in einen Gesang hineinströmen. In ein Gebet zu den Wolken, zum Himmel, zu allem, was ermöglichen kann, dass es endlich aufhören möge. Durch meine geschlossenen Augen nehme ich plötzlich Licht wahr. Zunächst meine ich, es sei Einbildung, aber als ich die Augen öffne, bemerke ich, dass die Sonne wieder scheint und der Regen aufgehört hat.

«Hahaha», lache ich ob dieses schönen Zufalls und gehe froh und zuversichtlich zurück ins Haus. Dort angekommen, sind die andern mittlerweile fertig mit ihrer Massage, sodass wir uns ums Essen kümmern können. Nach etwa einer Stunde beginnt es wieder zu regnen. Diese Feuchtigkeit ist gar nichts für Wai und so gehe ich wieder raus, stelle mich wieder auf das Kreuz und intoniere ein zweites Mal mein aus tiefstem Herzen kommendes Gebet für Wais Gesundheit, für Sonne und Trockenheit. Wieder tritt die Sonne hervor, wieder hört der Regen auf. Wieder denke ich: «Was für ein Zufall!», und wieder gehe ich zurück ins Haus.

Diesmal macht sich jedoch leise und fein ein Fragezeichen in mir bemerkbar: Kann es sein, dass das Wetter auf meine Bitte reagiert hat? Nein. Das geht nicht. Ich wische es sofort aus meinem Kopf. Als später aber wieder der Regen einsetzt, will ich es genauer wissen. Nun stehe ich wieder auf dem Kreuz. Mittlerweile ist es dunkel geworden und ich verbinde mich wieder mit dem innigen Wunsch, dass es Wai besser gehen möge, dass der Regen aufhören möge. Und wieder hört es auf. Nun ist es das dritte Mal während meines Gesangs, dass der Regen aufhört. Das ist ganz schön viel Zufall. Das kann ich niemandem erzählen. Könnte es sein, dass ... ? Nein, das wäre schon ein bisschen größenwahnsinnig, so etwas zu denken.

Erst ein paar Monate später getraue ich mich, Wai vorsichtig darauf anzusprechen. Diese grinst mich an und lässt mich in meiner Hoffnung auf eine klärende Aussage von ihr stehen. Auch hier zeigt sie, was für eine gute Lehrerin sie ist. Sie füllt meinen

Kopf nicht mit Wissen. Sie kann die Dinge stehen lassen, denn oft sind sie nicht so klar, wie sie zu sein scheinen. Und manchmal sind sie wesentlich weniger klar, als wir denken.

Am nächsten Tag geht es Wai wie dem Wetter. Die Sonne scheint, und das, was wir hier offensichtlich hatten lernen und erfahren sollten, ist gelernt und erfahren. Lasst uns nach Hause gehen.

Unterwegs lerne ich eine junge Neuseeländerin kennen, die mich und Barbara, meine Reisegefährtin, die Wai in der Schweiz organisiert, zu sich in den Norden einlädt. Wir folgen der Einladung und werden von ihr mit einem Auto abgeholt, dessen Ächzen wie der Schrei nach einer Generalüberholung tönt. Mitten in der Nacht kommen wir in einem Dorf an, wo für uns schon drei Matratzen bereitliegen. Die Tante von unserer neuen Freundin begrüßt uns mit den Worten: «Gut, dass ihr endlich hier seid. Ich habe ja so darum gebetet, dass ihr kommt.» Bevor wir uns schlafen legen, erfahren wir, sie habe zwar nicht gewusst, dass wir es sind, die zu ihr unterwegs waren, doch habe sie gewusst, dass jemand ihre Gebete erhören würde. Wir sind baff über so viel Vertrauen in den Himmel und über so viel Intuition.

Am nächsten Morgen ist unsere neue Freundin plötzlich verschwunden. Wir vertreiben uns die Zeit mit Kaffeetrinken, sprechen mit der Gastgeberin über die Gegend und das Leben im Norden, bis wir nach rund drei Stunden Zeitvertreib unruhig werden. Was, wenn sie uns hier einfach sitzenlässt? Wir befinden uns quasi am Rande der Welt. Es ist ein idyllischer Ort, an dem man aber nur ein Leben lang bleiben möchte, wenn man da auch wirklich hingehört. Und so fragen wir unsere Gastgeberin, wo wir die junge Frau finden können. Diese lotst uns zu einem Haus in der Nähe. Dort angekommen werden wir empfangen, als ob man auf uns gewartet hätte. Wir werden in einen Raum geführt mit lauter Frauen aus verschiedenen Generationen. Jemand sagt: «Hier. Setzt euch. Wir möchten euch etwas fragen.» Kein «Hallo, wir sind soundso, wer seid ihr, möchtet ihr etwas trinken» oder so. Sie kommen gleich zur Sache.

Die Sprecherin fragt: «Wer von euch beiden kann bei meiner Tochter einen spirituellen Check-up machen?» Barbara sieht sogleich zu mir und sagt: «Sie.» Was?! Was in drei Gottes Namen ist ein spiritueller Check-up? Ich frage so unaufgeregt wie ich kann: «Was meint ihr damit?» Sie guckt mich an, als ob ich leicht unterbelichtet sei, und erklärt geduldig: «Na, wenn der Körper etwas hat, geht man zum Arzt und macht einen Check-up. Wir möchten, dass du einen Check-up zum spirituellen Zustand meiner Tochter machst.» So wie sie mich anschauen, meinen sie das durch und durch ernst. Ich stehe unter Druck. Hier geht es nicht um meine Dummheit oder Fähigkeit, sondern um den Ruf von Wai. Maoris sind bei sowas sehr sensibel. Wai hat mir oft genug bewusst gemacht, wie wichtig es ist, das Ansehen von jemandem nicht zu untergraben. Mein Verhalten fällt auf sie zurück. Im Positiven wie auch im Negativen. Und so springe ich mal wieder ins Wasser und vertraue auf meine Eingebung.

Ich nehme die Hand von besagter Tochter in meine Hand, konzentriere mich ganz auf sie und die Gefühle, die über den Kontakt zu ihrer Haut in meine Gefühlswelt einfließen. Von diesem Moment an beginne ich zu erzählen, im Vertrauen auf das, was ich wahrnehme. Es sieht so aus, als ob die junge Frau ein psychisches Problem habe. «Du fühlst dich an, als wärst du im Nebel. Wenn man aber genauer hinschaut, wird man erkennen, dass du keinen Psychiater brauchst, sondern einen Lehrer. Du leidest an deinem Talent. Du hast die Gabe, Dinge wahrzunehmen, die andere nicht sehen können. Und manchmal hast du Einblicke in das, was unserer Zeit ein paar Takte voraus ist, in das, was möglich werden könnte.» Im Raum scheint der Atem zu stocken. Man glaubt zu hören, wie die eine oder andere Träne eine Wange herunterkullert. Ich kann mich jetzt nicht damit beschäftigen, darf nicht der Versuchung nachgeben herausspüren zu wollen, ob das ein gutes Zeichen ist. Ich muss ihr gegenüber auf Empfang bleiben. «Du scheinst nicht die Einzige in deiner Familie zu sein, welche diese Gabe hat. Aber bei dir ist sie besonders ausgeprägt ...»

Ich spreche, bis keine weiteren Informationen mehr zu mir kommen. Dann gebe ich ihr ihre Hand zurück. Ich hoffe sehr, den richtigen Ton getroffen zu haben und dass es mir möglich war, das Wahrgenommene der Wahrheit entsprechend zu übersetzen. Nun erhebt sich die Frau, die sich als Mutter zu erkennen gegeben hat. Sie bedankt sich bei uns und sagt, ihre Tochter sei gestern aus der psychiatrischen Klinik zurückgekehrt. Die Ärzte meinten, sie leide an einer Psychose. Sie und ihre Verwandten wüssten aber, dass das Mädchen eigentlich bloß begabt sei. Sie wollten dazu aber eine Matakite (Seherin) aus einem andern Land befragen, die von ihnen nichts weiß, um sich sicher zu sein. Später sollte ich erfahren, dass alle im Raum Nachfahren einer mächtigen und bekannten Matakite-Familie waren. Ich kann es nicht fassen, sogar hier auf der anderen Seite der Welt, scheint das Wissen um diese Dinge verschüttet. Nicht so sehr wie bei uns, aber doch so sehr, dass jemand vom anderen Ende der Welt dieser Familie bestätigen musste, dass sie nicht spinnt.

Als Wai davon erfährt, ist sie über unseren Ausflug nicht wirklich begeistert. Wir erfahren, dass sie sich, seitdem wir in Neuseeland aus dem Flugzeug stiegen, bis zum Rückflug für uns verantwortlich fühlt. Selbst wenn wir alleine unterwegs sind. Der Besuch bei einer spirituell derart mächtigen Familie mit langer Vorgeschichte zeige, wie naiv wir seien. Sie möchte über unsere Schritte durch uns informiert werden. Wir fühlen uns nicht verstanden und von ihr kontrolliert. Ich schäume fast über, und Barbara gibt mir bei der Besprechung mit einem Fußtritt unter dem Tisch zu verstehen, ich solle mich zurückhalten. Mit Wai legt man sich besser nicht an.

Während einer zweiten Reise nach Neuseeland lädt Wai eine Gruppe von Maoriheilern dazu ein, mit ihrer Gruppe aus Europa zu arbeiten. Da kommt eine Gruppe wohlgenährter, gutgelaunter Menschen an, die Persönlichkeit ausstrahlen und Integrität. Ich bin begeistert, verziehe mich aber sofort in die Küche, als ich erfahre, dass «mit uns arbeiten» bedeutet, uns zu massieren. Die bei dieser Gelegenheit praktizierte Form von Massage ist vielleicht mit dem zu vergleichen, was wir unter Rolfing verstehen. Oder mit einer sehr schmerzhaften Form von Thai-Massage.

Hier geht es aber nicht nur um Muskeln und Knochen. Hier geht es auch um Geistwesen, Spirits und Anhaftungen, die gelöst werden sollen. Und das ganz handfest. Dafür ist ein rund 200 Kilo schwerer Mann zuständig. Er setzt sich manchmal auf einen Menschen, der unter ihm liegt, spielt Gitarre und singt dazu, bis der nach Luft schnappende Klient unter ihm sich entspannt. Ich beobachte, wie er manchmal eine Art grau-braune Wolken aus den Körpern entfernt, sie quasi durch sich selber durchzieht und sie dann in die Natur hinaus abgibt. Das ist sehr interessant, ich achte aber darauf, dass ich ihm nicht über den Weg laufe.

In der Küche bin ich als Helferin nicht sehr beliebt. Ich brauche doppelt bis dreimal so lange wie andere, um Gemüse klein zu kriegen. Aber ich lasse mich nicht davon abbringen, wenigstens so zu tun, als ob ich in der Küche einen Beitrag leisten würde. Da sehe ich durch das Fenster, wie eine der Frauen auf mich zukommt und mit dem Finger anzeigt, nun sei ich an der Reihe und solle mitkommen. Ich schüttle den Kopf. Als sie unbeirrt zur Türe hereinkommt, werfe ich ihr ein «Sorry, no time. They need my help here» zu. Worauf sie nur lacht und sagt, Wai habe ihr aufgetragen, sie solle selber wählen gehen, mit wem sie arbeiten wolle. Ich sei ihre Wahl. Aber ich bin hier keine Teilnehmerin! Geh dir eine Teilnehmerin holen! Mein Herz sinkt auf Tauchstation. Wenn ich ihr und Wai Wertschätzung entgegenbringen will, wäre es gut, wenn ich jetzt mit ihr gehen würde. Und so lässt die Rücksicht auf die Gefühle anderer mich wieder mal über den eigenen Schatten springen. Ich trotte ihr hinterher und versuche auf dem Weg noch die Dauer ihrer Behandlung an mir zu verhandeln. Es stellt sich heraus, dass sie im Vergleich zu den anderen nicht so massiert, dass man vor Schmerz schreien muss. Sie macht das feiner, sie liest den Körper auf ihre eigene Art. In dem Moment, in dem ich die Angst loslassen, mich auf ihre Berührung und das Gespräch einlassen kann, fühle ich, dass wir so etwas wie verwandt sind. Nicht genetisch. Aber als Wesen. Wir haben den sogenannten Draht zueinander.

Das Leben hat mich zu meiner «Intensivier-Schwester» gespült! Sie ist fokussiert, mag kein langes «Drumherumreden», horcht mit ihren Händen, hat einen ähnlichen Zugang zu Steinen wie ich ...

Eine Freundschaft beginnt. Wir können Sätze voneinander zu Ende sprechen, und wir spüren, wie es der andern gerade geht, selbst wenn wir eine halbe Welt voneinander entfernt sind.

Und da dieses Erkennen gegenseitig ist, vereinbaren wir, dass wir uns wiedersehen werden.

Moetu – so heißt sie – lädt uns zwei Schweizerinnen zu sich in den Norden ein. Kaum ist die Reise mit der Gruppe und Wai zu Ende treffen wir sie in Hamilton und bleiben bis zu unserer Abreise zusammen. Moetu hält manche Überraschung für mich bereit. Zum Beispiel eröffnet sie uns eines Tages, dass sie als Heilerin zu einer Messe von Bildhauern eingeladen sei. Sie werde dort die Bildhauer unterstützen, die sich bei ihrer Arbeit öfters mal verspannen oder zu viel Gewicht heben. Ihr Mann sei aber im Spital, und so könne sie nicht die ganze Zeit dort sein. Ob wir nicht für sie einspringen könnten. Sie hatte mittlerweile herausgefunden, dass ich bei meiner Arbeit

Menschen mit meiner Stimme tief berühre, sie aber kaum bis gar nicht anfasse.

Wir machen uns also mit Massageöl gerüstet auf den Weg zur Messe der Bildhauer, gut gelaunt und ich voller Vorfreude auf die Skulpturen. Dort angekommen, stellt sie uns ein paar Leuten vor und sagt dann: «Also ich geh dann mal. Die beiden sind so gut wie ich, und sie arbeiten ähnlich. Ihr könnt ihnen ganz vertrauen.» Good bye! Mir hängt der Kiefer am Boden. Hat sie wirklich gesagt, die sollen uns ihre Muskeln und Knochen anvertrauen? Verstehe ich das richtig, muss ich die jetzt anfassen? Hand auflegen? Massieren? Kneten? Ich möchte laut «No!» rufen und Moetu hinterher, möchte sie am Kragen packen und sie schütteln, dass sie gefälligst hier bleiben solle, oder zumindest solle sie nicht so eine Lüge verbreiten. Andere anfassen mag ich nicht! Ich werde dabei von den Gefühlen meines Gegenübers überschwemmt. Wenn mein Gegenüber grad in einer Krise steckt, so fühlt sich das für mich an, als ob man einen Mülleimer in mich kippen würde.

Aber Moetu hat sich wohlweislich gleich ins Auto gesetzt und ist abgerauscht. Was für ein Vertrauen die Frau in meine Loyalität hat! Sie weiß ganz genau, dass sie mich nur auf diese Weise dazu bringt, meine Hände zu gebrauchen. Indem ich einhalte, was sie versprochen hat, auf dass bei der Gelegenheit ihr Gesicht gewahrt bleibt! Die Wahrung ihrer Integrität – das weiß sie – geht mir vor.

Den ersten der Muskelmänner kann ich noch an Barbara verweisen. Sie hat Thai-Massage gelernt und ist über unseren Auftrag ganz erfreut. Dem zweiten Bildhauer empfehle ich, sich für sein Problem ebenfalls bei Barbara anzustellen, da sie spezialisiert sei für seine Art von Problem. Doch allmählich gehen mir die Gründe aus, warum ich für eine Behandlung nicht geeignet sein soll. Und so beginne ich einen Rücken zu massieren. Einen Arm auszustreichen. Meine Hände aufzulegen. Keine Zeit, hier die Mimose zu sein. Moetu hat mich in eine Situation manövriert, in der ich wieder mal in kürzester Zeit herauszufinden habe, wie ich schwimmen lerne. Ich stelle mir also vor, dass diese Kraft, die mich beim Singen erfasst, nun durch meine Hände fließt statt durch meinen Hals. Vielleicht lässt sich damit auch gleich der hereinströmende Informationsfluss ein wenig drosseln. Zu meinem Erstaunen sind die Frauen und Männer der schönen Künste zufrieden mit unserer Arbeit, und sie empfehlen uns sogar weiter. Bald kommen Klienten, die an länger anhaltenden Beschwerden leiden. Einer erzählt mir von seinem Knie. Ich verstehe ihn kaum, da er Fachausdrücke benutzt, blicke ihn aber möglichst fachfrauenhaft an, schicke ein Stoßgebet zum Himmel und zu Moetu, sie mögen doch beide sofort herkommen, und danach folge ich meiner Intuition. Am nächsten Tag bringt er seinen Osteopathen mit, da dieser jene Frau kennenlernen will, die dem Knie seines Klienten endlich hat helfen können. Mir ist nicht wenig peinlich, dass ich keine Ahnung habe, was da vor sich geht, und dass ich so tun muss, als ob ich das täglich mache. Aber Moetu hat mich hier reingeritten, und ich bin fest entschlossen, nicht vom Pferd zu fallen.

Allmählich traue ich mir mehr und mehr zu, dass ich mit meinem Unwissen niemanden verletze. Unerklärlicherweise gehen die Bildhauerinnen und

Bildhauer sogar mit weniger Beschwerden an ihre Arbeit zurück, als sie gekommen sind. Und so öffne ich mich am Ende des nächsten Tages ein wenig für die Möglichkeit, mehr über Berührung zu lernen.

Zurück bei Moetu beginnen wir alle drei, zusammen zu arbeiten, wir lernen ihre Klienten kennen und erfahren, wie unterschiedlich hier heilsame Impulse aufgenommen werden im Vergleich zur Situation in der Schweiz, in Deutschland oder Holland. Das Heilen in Gruppen ist uns weniger vertraut. In Neuseeland sind die Menschen weniger privat, und das gilt sowohl für die Klienten als auch für die Therapeuten. Moetu nimmt uns zum Beispiel in eine Klinik mit. Wir erwarten ein Spital mit desinfizierten Händen und weiß gestrichenen Wänden, mit Einzelzimmern und Ruhe in den Fluren. Wir staunen nicht schlecht, als wir in der Klinik einen Raum betreten mit acht bis zehn Betten, darin vier Patienten. Eine Frau wird soeben von einer anderen Frau massiert. Sofort wollen wir uns wieder zurückziehen, doch Moetu lacht und sagt, wir sollten ruhig eintreten. Lachen, Besuch von Fremden, Geschichten austauschen ... das sei schließlich auch Heilenergie. «Kommt her!» «Aber diese Frau liegt doch halb nackt auf dem Behandlungsbett.» «Ja, stellt euch vor, wie aufregend das für jemanden ist, die aus einem abgelegenen Dörfchen kommt. Was für ein Schub für das Immunsystem. Besuch aus der Schweiz. Ein Land, das so klein ist, dass es für viele nur existiert, weil es dort gute Schokolade gibt. Und Uhren mit pünktlichen Zeigern.» Wenn die Patientin nach Hause komme, so werde sie etwas zu erzählen haben. Das allein sei schon beschwingend.

Im Vorraum wird gekocht, jemand lungert herum, andere treten ein, um kurz Hallo zu sagen. Hier geht es zu wie im Wohnzimmer meiner Mutter. Herzlich und ein bisschen chaotisch.

Unvermeidlich nehme ich in der Klinik wahr, dass eine Frau schwer krank ist. Es ist ein sehr unangenehmes Gefühl, und ich versuche, mich mit aller Kraft dagegenzustemmen. Ich mache mir bewusst, dass ich nicht darum gebeten wurde, mich einzufühlen, dass ich mich nicht einmischen darf und alles, was mir Wai diesbezüglich sonst noch beigebracht hat. Doch da hilft nichts. Am späten Nachmittag wird mein Körper von Schüben mit Zittern heimgesucht, was ich vor den andern verbergen kann, indem ich mich in den Garten verziehe. Gegen Abend flüstere ich Moetu zu, dass sich meine Wahrnehmung nicht mehr von mir abhalten lasse. Diese versteht das als Hinweis der geistigen Welt, dass wir mit der Patientin arbeiten sollen, falls die Frau das wünsche. Also bittet sie mich, den andern noch etwas Zeit zu geben, um sich vorzubereiten. Wir essen erst mal was, plaudern ein bisschen. In mir formiert sich immer stärker eine Energie, eine Kraft, die ich kaum mehr zurückzuhalten vermag. Es ist eine Welle, die auf mich zurollt und Übelkeit und Schwindel in mir auslöst. Mit meinen Augen versuche ich Moetu verständlich zu machen, dass ich dabei bin, in Not zu geraten, da sich diese Welle nicht mehr aufhalten lässt. Sie versteht meine Botschaft, und nun geht es schnell. Zu sechst begeben wir uns in den Raum, in dem die Patienten schlafen. Die Frau, um die es geht, weiß Bescheid, und sie hat ihre Einwilligung gegeben. (Später erfahre ich, dass die Patientin zunächst nicht von einer weißen Frau behandelt werden wollte. Die Leiterin der Klinik entgegnete ihr daraufhin, es stehe ihr selbstverständlich frei, das Angebot abzulehnen. Sie könne dann aber auch gleich ihre Koffer packen und sich woanders behandeln lassen, unter diesen Umständen würde auch sie nicht mit ihr arbeiten wollen, da sie eine derartige Chance vorüberziehen lasse.

Ich kann mich danach und auch jetzt wieder nicht mehr daran erinnern, was während der Arbeit mit der Frau geschah. Ich weiß noch, dass ich gesungen habe, dass ich «der Alten» wieder mein Bewusstsein überlassen habe und dass die anderen Frauen im Raum mitarbeiteten. Jede auf ihre Weise mit ihren Fähigkeiten bildeten wir ein kraftvolles Strömen von allen Seiten. Die Atmosphäre im Raum veränderte sich dermaßen stark, dass man das Gefühl hatte, ein Fenster zum Universum würde sich öffnen, und es ströme Energie von dort zu. Es war ein Funkeln im dunkeln Raum, das weder von Sonne, Mond oder Sternen stammte.

Danach saßen wir beisammen und tauschten uns über unsere Wahrnehmungen aus. So lässt sich das eigene Bild auf schöne Weise vervollständigen. Man erfährt das Geschehen aus der Sicht jener Beteiligten, die am besten über Berührung wahrnimmt, dann aus der Sicht jener, die vor allem visuell begabt ist und so weiter. Das bereichert nicht nur die Therapeutinnen, sondern auch die Patientin, in der sich ein Bild formieren kann, das weiterwirkt.

Ich bewunderte, wie achtsam und wertschätzend diese Frauen ihre Worte wählten. In Europa erreicht mich beim Zuhören das, was gesprochen wird, oft im Kopf. Bei einem längeren Gespräch ist das für mich wie eine Attacke auf mein Hirn. Da werde ich beim Zuhören zunehmend müde. Vor allem wenn das Gespräch an der Oberfläche bleibt. In Neuseeland bemerkte ich, dass ich beim Zuhören stärker im Herzen erreicht wurde. Das ist für mich wesentlich weniger anstrengend.

Einige Monate darauf erfuhr ich, dass jene Frau, mit der wir gearbeitet hatten, nach unserer Behandlung zur Untersuchung in eine andere Klinik kam. Ihre Krebswerte waren merklich zurückgegangen. So merklich, dass der Arzt wissen wollte, was sie bloß getan habe.

Wer nun aber meint, wir hätten bei jener Behandlung eine nebenwirkungsfreie Methode zur Krebstherapie herausgefunden, den muss ich leider enttäuschen. Das war eine einmalige Sache. Keine Sache von Glück zwar, aber einmalig. Im Laufe der Jahre habe ich festgestellt, dass meine Behandlungsweise immer einmalig ist und damit nicht reproduzierbar. Ich arbeite mit dem Moment. Mit jenem Schnittpunkt, an dem sich Vergangenheit und Zukunft begegnen. Alles, was in der Vergangenheit geschehen ist, tritt in Berührung mit allem, was möglich ist. In diesem Moment öffnet sich sozusagen ein Raum, aus dem das Wissen darum, was jetzt notwendend sein könnte, mir zufließen kann. In diesem Raum sind alle Erfahrungen der Schöpfung gespeichert. Die Erfahrung sämtlicher Wesen, Menschen, Tieren, Pflanzen, Steinen, Sternen und Galaxien ... Wenn wir da nicht irgendwo ein Sieb in uns eingebaut bekommen hätten, das alles filtert, würden wir wahrscheinlich verrückt werden ob all dem, was in dieser Dimension gespeichert ist.

Manche meinen, Intuition sei der Zugang zu diesem Speicher.[5] Aber Intuition ist nicht etwas, das uns aus dem Himmel zukommt oder welches das Phänomen der übersinnlichen Wahrnehmung beschreibt. Intuition kommt aus dem Bauch. Es ist die Summe unserer eigenen Erfahrung, die uns ein Gefühl oder eine Idee für etwas verleiht. Wurde jemand zum Beispiel über längere Zeit gemobbt, so wird dieser Erfahrungshintergrund später, wenn er auf Menschen trifft, seine Intuition anders färben, als das bei jemand der Fall ist, der sich stets gut integriert wusste. Der gemobbte Mensch wird wahrscheinlich eine erhöhte Sensibilität für das menschliche Klima untereinander entwickelt haben, zugleich wird er aber auch mehr Vorbehalte gegenüber seinen Mitmenschen spüren. Intuition speist sich aus der Erfahrung, sie kann aber darauf geschult werden, dass sie möglichst frei wird von traumatisch geprägten Verfärbungen.

Wenn ich ein Lied lerne, so übe ich es so lange, bis ich es ohne nachzudenken fehlerfrei singen kann. Ich lese dann einen Text und singe das Lied. Wenn ich noch weiß, was ich gelesen habe, dann ist es so weit. Text und Melodie sind in meiner Intuition gelandet, und ich kann es nun mit dem Gefühl abrufen und frei aus dem Bauch singen. Ohne dabei nachzudenken.

Der Raum, der sich am Schnittpunkt von Vergangenheit und Zukunft öffnet, ist nicht die Intuition. Ich glaube, es ist das, was ich so oft über Schamanen gehört habe. Es ist der Raum zwischen zwei Welten. Für mich ist es aber nicht der Raum zwischen dem Diesseits und Jenseits, wie ich das immer wieder höre. Es ist der Raum zwischen dem Einen und dem Allen.

Das erste Mal, als mir ein Erlebnis geschenkt wurde, um mir nicht nur bewusst zu machen, dass es diesen Raum gibt, sondern auch, dass dieser Raum zugänglich ist, ereignete sich in Italien. Ich war etwa 22 und bei jemand in Carrara zu Besuch. Ich stand alleine in der Küche und öffnete ein Schranktürchen, um eine Tasse rauszunehmen. Da strömten plötzlich Antworten auf Fragen, die mich seit Längerem bewegten, auf mich ein. Auf alles, auf wirklich jede Frage, die ich in diesem Moment stellte, bekam ich sofort eine klare und einleuchtende Antwort. Nach ungefähr einer Minute – vielleicht war es auch eine halbe Stunde – war alles wieder vorbei. Es war zeit- und irgendwie raumlos oder im Gegenteil allzeitlich und allraumig. Es war so unglaublich, dass ich bis heute kaum jemandem davon erzählt habe. Und doch habe ich diese Öffnung nie vergessen. Es war, als wäre ich in ein Bad von Allwissen getaucht worden.

Im Dreierteam

Bei den Reisen nach Neuseeland und zurück wird mir erst bewusst, wie anstrengend für Wai die jährlichen Flüge sein müssen. Mein Körper zollt einer solchen Reise jedes Mal Tribut. Nur schon die Flugzeit nach Auckland dauert 21 Stunden! Während des Zwischenhalts in Singapur bin ich beim ersten Mal dermaßen müde, dass ich von meinen Mitreisenden ständig angehalten werde, nicht einzunicken, wegzutauchen oder vornüberzukippen. Schließlich gewinnt mein erbärmlicher Zustand und man lässt mich zwei Stunden schlafen. Jetlag ist eigentlich etwas für Fortgeschrittene. Aber irgendwo muss man damit ja wohl mal anfangen, um es zu etwas zu bringen. Und so brauche ich nach jedem Flug mindestens eine Woche, um wieder zu Kräften zu kommen.

Zurück in Europa hat Wai diesmal ihren neuen Lebenspartner Dave mitgebracht. Fortan bilden wir ein Dreierteam, das durch die Lande zieht. Ich bin froh, dass Wai nun jemanden an der Seite hat, den sie liebt und dessen Umarmungen ihr ein Zuhause bieten. Sie ist jeweils die Hälfte eines Jahres weit von ihrer Heimat entfernt. Das muss man erst mal aushalten. Und dann noch die vielen kleinen Reisen. Nie wirklich landen, ständig mit gepackten Koffern unterwegs sein. Ich weiß nicht, wie sie das aushält. Ich kann zwischendurch immer wieder für ein paar Tage zurück in die Schweiz. In meinem eigenen Bett schlafen, mich wieder auf meinen eigenen Rhythmus einpendeln und mich nicht als Besucherin fühlen. Wai ist dafür zu weit weg von ihrem Zuhause.

Mittlerweile ist unsere Beziehung weniger die zwischen einer Lehrerin und einer Schülerin als die zwischen zwei Freundinnen. Wir besprechen, was wir erlebt haben, tauschen Ansichten aus und werfen einander Impulse zu. Natürlich ist dabei immer klar, wer das letzte Wort hat. Das gilt, selbst dann, wenn wir in Reibung zueinander gehen oder streiten, was hie und da auch mal vorkommt.

Es ist unser drittes oder viertes gemeinsames Jahr, als wir in Holland auf einem Festival zusammen einen Nachmittag eröffnen. Im Zelt sitzen rund sechzig Interessierte, um aus dem Anlass den einen oder andern Impuls für sich selbst mit nach Hause zu nehmen oder um zu erfahren, wer wir sind, wie wir arbeiten oder um sich einfach ein Bild davon zu machen, was Schamanen so tun.

Wir stimmen uns hinter dem Zelt auf das Kommende ein, und Wai sagt: «Heute machen wir es anders. Heute stellt jede sich selbst vor. Weißt du, ich glaube du brauchst so etwas wie ein Coming-out. Es ist an der Zeit, dass du das Wort ‹Schamanin› in den Mund nimmst und du dich als solche vorstellst.» Ich werfe ihr einen Bittenicht-Blick zu, und sie entgegnet: «Was hast du dagegen, denen zu sagen, wer du bist? Du lügst sie ja nicht an! Du solltest anfangen, zu dir zu stehen.» Ich antworte, dass sich das für mich einfach nicht richtig anfühlt.

«Wir machen das jetzt so.» Ohne meine Proteste abzuwarten, dreht sie sich auf dem Absatz um und geht in Richtung Zelteingang. Wir setzen uns nebeneinander. Wai, Dave und ich, und Wai beginnt damit, sich vorzustellen. Sie kann unglaublich gut mit Worten umgehen. Ihre poetische Sprache öffnet die Herzen, und sie bereitet damit den Boden für das Kommende vor. Dann blickt sie zu mir und ruft mit ihrem ermunternden Blick: «Spring!» Ich aber tauche sozusagen nur meine Füße ins kalte Nass und beginne: «Hallo, mein Name ist Orna. Ich begleite Wai schon seit ein paar Jahren und ich ... ich ... äh ... also ... ... ja ähm ... also, ich singe.» Von der Seite her kann ich sehen, wie sich Wais Kopf mir zudreht. Da blicke ich jetzt besser nicht zurück und gebe mir einen Ruck: «Das heißt, ich, wie soll ich sagen ... also ...», ich hole tief Luft und schließe: «Ich arbeite heilend mit Gesang und Klang.» Mein Kopf dreht sich zu Wai, und ich gebe zu verstehen, dass dies mein Coming-out war. «Präziser kann ich es nicht sagen. Bitte übernimm du wieder.» Ihr Blick spricht Bände.

Danach hat sie mich nie mehr dazu aufgefordert, mich als Schamanin vorzustellen. Heute weiß ich, dass mein Widerwillen stimmig war. Ein bisschen überspitzt ausgedrückt: Wir leben in einer Zeit eines suggestiven Coachings, eines «Steh auf und sag der Welt wer du bist! Sag es so oft, bis sie es dir glauben, und du selbst glaubst es dann auch.» Eine Schamanin geht aber nicht mal eben kurz auf eine Berufsschule, bekommt ein Diplom und verkündet dann via Facebook, Twitter und Website: «Leute, ich hab's geschafft! Ich bin die neue Schamanin am Ort!» Sie lässt sich auch nicht irgendwo anstellen oder eröffnet eine Praxis.

Jedenfalls ist es nicht das, was ich erlebe, und auch nicht, was ich von anderen Schamanen über deren Werdegang erfahren habe. Mit meinem Buch möchte ich das ein wenig offenlegen. Wenn ich die Botschaft auf einen einzigen Abschnitt reduzieren müsste: Das Zeug zur Schamanin zu haben, ist ein wenig vergleichbar mit einem Talent. Aber es ist mehr als das. Es ist ein Sein. So ist man. Von Anfang an. So nimmt man die Welt wahr.

Das Wissen und Können eines Schamanen basiert immer auf jahrhundertealten Entwicklungen, Erfahrungen, der Kultur und Spiritualität seiner Vorfahren. Er arbeitet undogmatisch mit diesen Grundlagen und hat die Freiheit, diese selbst weiterzuentwickeln. Ein Schamane ist kein Dogmatiker und er missioniert nicht, er heilt. Er ist offen auch für neue wissenschaftliche Erkenntnisse und handelt immer im Sinne seiner Klienten.

In bestimmten Kulturen wird diese Gabe auf Anhieb erkannt und gefördert, in anderen Kulturen ist das Wissen darum verloren gegangen, was aber nicht heißt, dass in solchen Kulturen keine Schamanenbabys zur Welt kommen.

Irgendwann wird man quasi von der geistigen Welt «gerufen». Das nennt man die «Schamanenkrankheit». Beim einen dauert diese Krankheit länger, beim andern fällt sie kürzer aus. Dadurch wird man auf den eigenen Weg des Lernens geschickt. Sehr handfest lernt man über das Leiden und über das Gesunden, indem man an die Grenzen des eigenen Leidens geführt wird. Dann hat man, wenn man nicht in einer Kultur aufwächst, die um diese Dinge weiß und sie entsprechend fördert, hoffentlich das Glück, dass man seiner Lehrerin oder seinem Lehrer begegnet. Durch sie wird man auf menschlicher Ebene unterrichtet und gefördert. Und schließlich stellt man seine Gaben in den Dienst der Menschen, Tiere, Pflanzen, Steine oder auch der Geistwelt.

Also sind es diese drei Ebenen, die bestimmen, ob du eine Schamanin bist und wann die Zeit gekommen ist, deine Berufung zu leben: Der Himmel, der dich ruft, dein Lehrer oder deine Lehrerin, welche/r dich als Schamanin erkennt und schließlich anerkennt, und die Menschen, die zu dir kommen und dir das Vertrauen schenken. Früher wäre das der Stamm gewesen.

Allmählich wird mir bewusst, dass ich Indigenen anders begegne als Menschen in der Schweiz, in Holland, Deutschland oder Österreich. Mir fällt auf, dass ich Wai und allen andern, die Indianer, Maori, Afrikaner oder sonst wie «urstämmig» sind, quasi einen indigenen Bonus verleihe. Was ich in ihnen sehe, ist nicht immer das, was von ihnen wirklich ausgeht. Und so versuche ich, dem, was da geschieht, auf die Spur zu kommen. Eines Abends sitzen wir während eines Schamanenkongresses als Gäste unter den Teilnehmenden. Wir bilden gemeinsam einen großen Kreis, sodass alle alle sehen können. Es sind etwa achtzig Menschen anwesend, und ein Schamane eröffnet seine Veranstaltung mit Gesang und Trommel. Dann beginnt er Geschichten zu weben, mit Worten an unseren Herzen zu rühren und sich dem einen und der andern äußerlich und innerlich anzunähern. Die Art, auf die er beim Sprechen mit Stimme, Melodie und Inhalt das Vertrauen aufbaut, fasziniert mich. Nun beginnt er im Kreis mit der Trommel ganz nahe an uns vorüberzugehen.

Ich kann es nicht fassen! Auch er liest über den Klang! Zum ersten Mal in meinem Leben sehe ich jemand andern, der auch mit der Trommel einen Körper entlanggleitet und auf die Resonanz der Trommel horcht, um zu erkennen, wo Blockaden sind. Ich freue mich wie ein Kind. Ich bin nicht die Einzige! Da bleibt er bei einer Frau stehen, umgarnt sie mit der Trommel, singt in ihr Energiefeld und beginnt, ihren Oberkörper zu berühren. Ganz zärtlich. Dem Wort «umgarnen» kommt bei der Szene eine Buchstäblichkeit zu. Es trifft wortwörtlich zu auf das, was sich vor aller Augen abspielt. Schließlich streichelt er auch ihre Brüste und mir wird es immer ungemütlicher. Was soll das? Was ist seine Absicht? Warum geht er so weit, wo wir doch alle hinsehen? Und warum lässt sie ihn so nahe an sich heran? Würde sie einen europäischen Schamanen vor aller Augen ebenso an sich heranlassen? Wie wird es ihr morgen zumute sein? Soll ich aufspringen oder «Stop!» rufen? Ich flüstere Wai meinen Protest zu, sie flüstert zurück, dies sei die Medizin, die er ihr geben könne. Dass er ihr eine spürbare Wertschätzung und Liebe als Mann gebe. Das sei das, was sie für ihre Heilung brauche. O. k., das kann ich verstehen. Ich werde aber den Eindruck nicht los, dass es sich trotzdem nicht so anfühlt, als würde da Heilung geschehen. Aber ich bin wohl einfach zu verklemmt.

Als ich am nächsten Tag die Treppe runterkomme und zufällig mitansehe, wie eben dieser Schamane einer Teilnehmerin einen Kuss auf den Mund drückt, schrillen in meinen Ohren die Alarmglocken. Ich beruhige mich mit dem Gedanken, den ich noch oft denken werde: «Er kommt eben aus einer anderen Kultur. Vielleicht tut man das dort so.»

Auf einer meiner Reisen in Neuseeland traf ich einen Schamanen von stattlichem Körperbau und beeindruckender Erscheinung. Mich packte sogleich die Neugier, ihn bei der Arbeit zu erleben. Und so dauerte es nicht lange, bis ich eine Gelegenheit dazu bekam. Wie das auf Reisen so ist, trifft man manchmal auf Menschen, die einen mit anderen Menschen verbinden. Ich saß also mit einer Heilerin, die ich auf der Reise kennengelernt hatte, in einem indischen Restaurant. Wir hatten soeben unser Essen bestellt, als ihr Mobiltelefon klingelte. Das Gespräch schien ein längeres zu werden, und so fing ich mit dem Essen an, nachdem der Kellner das Bestellte vor uns auf den Tisch gestellt hatte. Mit einem Mal blickte sie auf und sagte: «Er möchte mit dir sprechen. Möchtest du?»

Ich nahm das Telefon und fragte: «Hallo?» Was vom andern Ende als Antwort kam, war ein «Hello dear», worauf ein Rülpser dem andern folgte. Ich muss vielleicht dazu bemerken, dass Rülpser für mein Empfinden nicht zur Kategorie Musik und auch nicht zur Kategorie Kommunikation gehören. Ich kann mich für diesen Klang einfach nicht begeistern, obwohl ich weiß, dass er ja zu uns gehört wie Schluckauf und Räuspern, Schnäuzen und Schnarchen. Drum schaute ich mein Gegenüber fragend an, und meine Tischgefährtin machte eine Geste, mit der sie in etwa «Alles gut. Lass ihn, bis er damit durch ist» signalisierte. Also legte ich den Hörer in Hörweite auf dem Tisch ab und fuhr mit dem Essen fort. Nach gut zehn Minuten wurde es am andern Ende der Leitung still, worauf ich das Telefon wieder zur Hand nahm und nachfragte, ob alles o. k. sei. Der Schamane bedankte sich und bat mich, ihn nochmals mit seiner Freundin zu verbinden. Aber klar doch! Worauf sie das eigenartige «Gespräch» beendete.

Nun begann ich sie sanft zu löchern. Was hätte das sein sollen? Sie erklärte mir, dass er über sein Rülpsen in andern Menschen Blockaden löse. Und dass er mich für eine Fernheilung als Unterstützung gebraucht habe. «Mit Rülpsen. Aha.» Mit Rülpsen. Was soll man dazu sagen? Andere machen eine lange Ausbildung, lernen Anatomie, Psychologie, Pflanzenheilkunde und Ähnliches mehr. Er rülpste. Ist es mein europäisches Hirn, das nicht weiß, ob ich loslachen, empört sein oder es ernst nehmen soll? Die noch verrücktere Variante für mich wäre Furzen. Das kann man noch weniger steuern ... Ich entschied mich als Erstes fürs Lachen. Andere Länder, andere Sitten.

Aber ich erkenne in diesem Erlebnis auch etwas Interessantes. Es zeigt mir, dass es nicht nur um Technik geht. Und auch nicht nur um analytisches und empathisches Verstehen. Ein Teil der Wirkung rührt vom Klienten selber. Glauben kann innere Berge versetzen, und diese Wahrheit wird von Schamanen keineswegs belächelt, sondern genutzt. Was und wie wir denken und fühlen – sowohl die Behandelnde wie auch der Klient –, hat auf unsere geistige/körperliche und emotionale Gesundheit einen großen Einfluss. Ob ich den Rülpser nun als ein klangliches Signal interpretiere, das mir anzeigt, dass der Schamane eine Blockade gelöst hat, oder ob ich mir Sorgen mache, ob der Mann vielleicht schlecht gegessen hat, macht einen großen Unterschied. Ob ich denke und glaube, dass mein Rülpsen eine organische Störung ist, oder ob ich denke und glaube, dass ich damit eine Blockade auflöse, die ich bei meinem Gegenüber in mir wahrnehme, macht auch einen großen Unterschied.

Und nicht zuletzt tauchen wir, wenn wir zu einer Schamanin gehen, in ihre Welt ein, während sie in unsere Welt eintaucht. Wir haben bestimmte Vorstellungen von dem, was sie kann, und sie hat ihre Art, die Welt des Gegenübers wahrzunehmen und darauf einzuwirken. Dieser Schamane macht es über Wort und Rülpsen. Ich mache es über Gesang, Wort, Berührung, Klang und Bewegung. Die Kraft bahnt sich ihren Weg am einfachsten durch unsere Talente.

Ich bemerke allmählich, dass Nichtwissen mir, die ich sonst doch eher skeptisch und zurückhaltend bin, auch eine Offenheit ermöglicht. Auf der anderen Seite höre ich weniger auf mein Bauchgefühl, wenn es mir anzeigt, dass etwas nicht stimmt. Ich verhalte mich dann eher wie eine Touristin, die voller Interesse an einem fremdartigen Getränk nippt, andersartige Speisen kostet und in alledem eine spannende Entdeckung wittert. Als Touristin gehe ich grundsätzlich davon aus, dass mir das Leben Farben, Klänge, Begegnungen und Weiteres ermöglicht, was ich sonst nicht um mich habe. Das gibt mir die Chance, aus dem Gewohnten auszusteigen und mich selbst anders wahrzunehmen, anders kennenzulernen. Unter diesen Umständen sind jedoch meine Möglichkeiten, einen Menschen oder eine Situation einzuschätzen, eingeschränkt. Ich brauche erst mal Erfahrungen und muss von dem «Alles ist so neu und spannend hier» runterkommen, um mein Urteilsvermögen voll nutzen zu können.

Freiheit oder Ketten

Die meisten wichtigen Veränderungen geschehen unfreiwillig. Sowohl im Großen wie auch im Kleinen. Wer möchte schon etwas beenden, das sich noch irgendwie zu mehr als fünfzig Prozent gut anfühlt? Wir möchten das meist nicht mal, wenn das Gutgefühl auf zwanzig oder sogar fünf Prozent abgenommen hat. Aber manchmal ist ein Apfel halt einfach reif und er muss vom Baum fallen. Egal, wie sehr der Apfel die Sonne genießt, den Baum liebt oder mit den anderen Äpfeln in froher Gemeinschaft herangewachsen ist. Es ist Zeit. Bei uns Menschen passiert dann etwas, das man Krise nennt, oder ein Ereignis, das einen Richtungswechsel mit sich bringt. Bei mir war es Letzteres.

Ich unterrichte mittlerweile seit ein paar Jahren ganz selbstverständlich an Wais Seite und leite mit ihr zusammen die Weiterbildungen. Im Innern können wir eine Art Gedankentennis spielen, während wir äußerlich so klingen, als ob wir alles miteinander abgesprochen hätten. Wir werfen einander die Bälle zu, bevor sie überhaupt da sind. Das zeigt sich in der Art, wie ich eine Minute vorher schon weiß, was sie von mir will und umgekehrt. Die reinste Freude für zwei Frauen, deren Stärke es ist, aus dem Moment heraus zu schöpfen, die aber große Mühe mit dem Vorbereiten von Lektionen haben. Manche verwechseln das gerne mit einem «Mal gucken, was so passiert». Das ist ein großes Missverständnis. Dieses Aus-dem-Moment-Schöpfen, das ich meine, geschieht in höchster Präsenz und in äußerst wachem Bewusstsein. Es ist ein Wahrnehmen von dem, was ist, von dem, was möglich ist, und von dem, was es braucht. Wenn man bedenkt, wie viele Faktoren dabei zusammenspielen, so könnte es einem im Kopf ziemlich schwindlig werden. Ein äußerst spannender Balanceakt, der ganz schön schiefgehen kann, wenn die Aufmerksamkeit gerade ein bisschen Ferien macht. Hier kommt mir mein Dasein als Intensivierin zugute. Hier bin ich im Element und kann meine feine Wahrnehmung voll einbringen.

Eines Tages werde ich auf ihr Zimmer gerufen. Ich solle mich setzen. Sie sieht mich ernst an und sagt, dass sie mir einen Vorschlag machen wolle, und dieser Vorschlag werde von mir eine Entscheidung verlangen. Die Entscheidung zu treffen, werde für jemanden aus meinem Kulturkreis vielleicht etwas schwierig sein. Da nun einmal dieser Schamane aus Neuseeland gerade hier sei und diese bekannte Heilerin, mit der er reist, biete sie mir an, mich zu initiieren. Diese Initiation sei nur möglich, wenn ich mich ihr ganz und gar unterordne.

Ich frage nach, was das genau heiße. Es würde bedeuten, dass sie über meinen Werdegang noch klarer die Hand daraufhalte. Wann immer ich zum Beispiel bei jemand anderem lernen möchte, müsste ich sie zuvor fragen, ob das auch passe. Dies würde sicherstellen, dass ich kein Durcheinander bekomme, bei dem, was ich bei ihr lerne, und dem, was ich woanders lerne. Ich wäre noch mehr unter ihrem Schirm, was auch Schutz bedeute. Wenn jemand mich anzweifle oder mit meiner Arbeit nicht zufrieden sei, dann könne ich ihn zu ihr schicken. Dann werde sie sich für mich stark machen ... Sie spricht für ihre Verhältnisse nicht sehr lange, dafür aber betont und jedes Wort genau abwägend. Sie ahnt offenbar, dass sie damit etwas riskiert.

Als ich zurück auf meinem Zimmer bin, stehe ich unter Schock. Das kann doch nicht ihr Ernst sein! Warum bietet sie mir so etwas an? Eine Initiation, das ist doch ein Schritt in die eigene Freiheit! In meinem Kopf wirbeln die Gedanken durcheinander, mein Herz schwemmt Gefühle der Angst, des Ärgers, der Betroffenheit, der Verzweiflung und viele Fragezeichen hoch. Wieso will sie plötzlich mein Guru werden? Warum dieser Besitzanspruch? Lege ich ihr denn nicht aus freien Stücken schon meine Liebe, meine Talente, meine Hingabe zu Füßen? Warum will sie diese nun in Ketten legen?! Worum geht es hier eigentlich? Was ist hier bloß los!

In meinem Innern tobt ein Sturm. Gedanken und Gefühle werden hochgewirbelt. Wie eine Ertrinkende ringe ich um Klarheit, um nicht noch tiefer ins Chaos hineingezogen zu werden. Bin ich von unserem europäischen, vielgepriesenen Wunsch nach Individualität so sehr durchdrungen, dass ich die große Ehre, die sie mir mit ihrem Angebot erweist, nicht zu würdigen weiß? Wer hat schon das Glück, ganz unter die Flügel einer angesehenen Schamanin genommen zu werden? Wer von all den Menschen, mit denen ich es in den letzten Jahren zu tun hatte, würde bei dem Angebot zögern? Ich stünde unter ihrem Schutz und in einem mächtigen Strom von altem Wissen. Andererseits fühlt es sich wie ein Verrat an. Verrat aber an wem? An wem oder was um Himmels willen würde ich mit einer

Zusage Verrat begehen? Bitte, hört auf zu drehen! Kopf, Herz, Bauch, Füße – werdet euch einig!

Tagsüber wabert sich das Leben wie eine Qualle um mich herum. Die Dinge verlieren an Form und Bedeutung. Während in mir tausend Fragen brennen, zeigt sich nicht mal der kleinste Tropfen Antwort am drückend schweren inneren Himmel. O. k. Was würde passieren, wenn ich Nein sagen würde?

Ich verbringe zwei der längsten Tage und Nächte meines Lebens. Das einzig Klare, das ich spüre, ist, dass es um etwas Größeres geht und ich nicht viel Entscheidungsspielraum habe. Was ist, wenn sie mich verstößt? Dann muss ich nicht nur nochmals ganz von vorne anfangen, sondern verliere eine Beziehung, die dem eines Tochter-Mutter-Verhältnisses sehr, sehr nahekommt. Ich werde den Boden, den ich in den letzten Jahren gewonnen habe, meinen Halt, verlieren, meine Anbindung, meine Zukunft. Oder … Oder was?

Oder ich werde meine innere Freiheit und Freiwilligkeit in Ketten legen. Ich werde den Zugang zu meinem eigenen Strom des Wissens riskieren. Ich habe doch ganz am Anfang gesagt, dass ich diesen Weg nur beschreiten werde, wenn ich dabei meine eigene schamanische Linie freilegen kann.

Oder irre ich mich? Verstehe ich etwas ganz Grundsätzliches nicht? Doch. Die Freiheit und die Freiwilligkeit. Die verstehe ich. Die Kraft und Schönheit der Freiwilligkeit ist so eine andere als die Macht des Müssens. Das Freiwerden, darum geht es doch eigentlich in meiner Arbeit. Das Freiwerden von Traumata, Dogmen, negativen Prägungen, Glaubenssätzen und so weiter für eine vorbehaltlose

Liebe, eine echte innere Zufriedenheit. Das Freilegen der Talente, Visionen und der in jedem innewohnenden Schönheit. Die Freiheit ist neben der Liebe eines unserer höchsten Güter. Gratis und jederzeit zu erreichen. Keinen einzigen Schritt von uns entfernt. Und doch geben wir sie so leichtfertig her.

Warum habe ich denn so sehr das Gefühl, dass ich meine Freiheit hergebe? Noch kann ich frei entscheiden. Danach müsste ich aber alles mit Wai absprechen, was ich eigentlich ja eh schon tue. Es ist eine ganz feine, dünne Linie. Ein bindender Vertrag zwischen Wai, mir und der geistigen Welt. Es ist eine Einladung, meine Selbstbestimmung in einem Moment herzugeben, in dem ich eigentlich reif bin, den eigenen Weg zu gehen. Was ich bis dahin aber nicht getan habe, denn ich liebe die Zusammenarbeit mit ihr. Ich bin gerne Teil ihres Teams. Und der Segen, ihre Schülerin zu sein, besteht für mich darin, dass sie nie versucht hat, aus mir etwas zu machen, was ich nicht bin. Dass sie mich stets hat selber suchen, straucheln, rausfinden lassen und die schamanische Arbeit bei ihr nicht das Lehren von Techniken war. Sondern dass sie mich auf die Freilegung meiner Gaben und auf das Vertrauen in die eigene geistige Begleitung verpflichtet hat. Das hat mit Authentizität zu tun. Es wird Zeit, dass wir hier in Europa unseren eigenen Zugang zum unendlichen Wissen wieder freilegen!

Die Freiheit kann sich verbinden, sie kann verbindlich sein, Verantwortung übernehmen ... aber eben in Freiheit und nicht mit einer Initiation, deren Folgen sich so gar nicht frei und willig anfühlen.

Was für Optionen! Am zweiten Abend, nachdem sie mich vor die Wahl stellte, übergebe ich Wai einen

Brief, in dem ich ihr Angebot in höflich anerkennenden Worten, wie sie mir in den Sinn gekommen sind, ablehne. Sie sagt, dass sie den Brief am nächsten Morgen lesen werde. Darauf verbringe ich eine weitere Nacht des Zweifelns. Die Möglichkeit, meinen Brief in der Dunkelheit der Nacht zurückzuholen und ändern zu können, bringt mich an die Grenze der Belastbarkeit.

Ich kann mich der Verzweiflung nicht erwehren. Was wird mein Entscheid wohl für Folgen haben? Am nächsten Morgen unterrichtet mich eine Freundin, die als Einzige meinen Entscheidungsprozess mitbekommen hat, dass sie Wai gesehen habe und dass diese wütend und verletzt sei.

Nun klopft sogar Wais Freund an meine Zimmertür und fragt, ob ich die Initiation wirklich nicht annehmen wolle. Ich habe viel zu verlieren und solle es mir nochmals genau überlegen. Was denn so unannehmbar sei an Wais Vorschlag? Ich frage zurück: «Warum jetzt? Nach all den Jahren?» In meiner Verzweiflung ringe ich nach einer halben Stunde immer noch weinend nach dem, was sich richtig anfühlt. Und so spielt Wais Lebenspartner seinen letzten Trumpf aus: Wai selbst würde es mir nie sagen. Aber sie habe ihm anvertraut, dass sie noch nie so viel Talent in einem einzigen Menschen gesehen habe.

Wie furchtbar! Ich fühle mich dem Zusammenbruch nahe und kann mich selbst nicht mehr verstehen. Sie meint es nur gut, und ich kann es nicht annehmen. Ich kann es einfach nicht! Es geht nicht. Es geht einfach nicht!

Und plötzlich geht alles schnell. Wai ruft alle zusammen, es sind etwa vierzig Seminarteilnehmer versammelt. Sie sollen draußen vor der Türe warten.

Ich werde hereingerufen. Wai, der Schamane und die Heilerin sind im Raum. Wai spricht, und ich bekomme alles nur noch verschwommen mit. Ich spüre Ärger und Verletzung im Klang ihrer Worte. Ich spüre, wie die Welt unwiderruflich in ein Wir und ein Ich auseinanderfällt. Ich sehe es in ihren Augen. Manu, der Schamane, sagt zu mir: «Wir werden eure Verbindung nun lösen. Dann bist du auf dich allein gestellt. So wird sich zeigen, ob du ein Huhn oder ein Adler bist.» Nun werden die anderen hereingebeten, und er beginnt ein Gebet auf Maori zu intonieren. Dann bittet er die Anwesenden, die mir alle den Rücken zudrehen sollen, mich in Gedanken mit ihrer inneren Kraft gegen hinten von sich zu stoßen. Geschlossen als Menschentraube stehen Menschen, die bis dahin meine sogenannten Freunde waren, schweigend und konzentriert vor mir. Damit zeigen sie mir sozusagen «die kalte Schulter», und sie verstehen vielleicht nicht, was hier vor sich geht. Sie machen einfach mit. Gruppendynamik. Und ich kann nichts dagegen tun. Ich werde nicht gefragt. Ich kann nur geschehen lassen. Er intoniert weiter, ich wanke, ringe um meine Würde, und schließlich falle ich nach hinten auf eine Matte, worauf ich innerlich ganz in mir einbreche. Während ich zittere und weine, bittet Wai, alle den Raum zu verlassen, außer dieser einen Freundin, die bei mir bleiben darf, wenn sie möchte. Sie tut es. Da sie aber beim Ritual auch mitgemacht hat, fühle ich mich von allen verstoßen und verlassen, nackt und schutzlos.

Ein neues Kapitel beginnt. Ich stehe alleine da. Noch stehe ich. Doch wer wird mir nun das Fliegen, das

Adler- oder Huhnsein beibringen? An wen kann ich mich wenden? Wie geht es weiter? Geht es überhaupt weiter? Wer bin ich? Was bin ich? Was stimmt von all dem, was ich die letzten Jahre erfahren und gelernt habe? Bin ich das, was Wai in mir hervorgelockt hat und andere in mir sehen, oder bin ich eigentlich eine ganz andere?

Für eine Krise habe ich keine Zeit. Erst mal muss ich Land gewinnen. Eine Flug- und Landebahn zugleich. Ich muss mir selber was aufbauen oder aufgeben. Loslassen. Mich in die Gesellschaft einfügen und so tun, als hätte es die letzten Jahre nicht gegeben. Das hat der Schamane wohl mit Huhn oder Adler gemeint. Hier treffe ich die ersten Entscheidungen über meinen eigenen Weg. Meine Lehrerin ist ab jetzt das Leben und die geistige Welt.

In meiner Erinnerung taucht ein Satz auf, den mir Wai vor längerer Zeit mal gesagt hat. Irgendwann würde die Zeit kommen, in der ich die geistige Welt als meine Hauptlehrerin und Beraterin sehe. Dieses Irgendwann beginnt wohl jetzt. Den Übergang dazu habe ich mir irgendwie romantischer vorgestellt. Liebevoller. Aber ist das noch wichtig? Wichtiger ist doch vielmehr, dass ich es packe. Dass ich mich für die neuen Möglichkeiten öffne, die mir mein Abgenabeltsein ermöglicht.

Man könnte meinen, dass wir von da an getrennte Wege gingen. Aber nein. Ich schreibe ihr eine Mail, in der ich ihr meine Mitarbeit aufkündige. Postwendend kommt die Antwort, dass ich eine Verpflichtung gegenüber den Teilnehmenden der Weiterbildungen habe und einen Vertrag mit Gott, dass ich Angefangenes beenden müsse. Wo sie recht hat, hat sie recht. Angefangenes sollte man beenden. Außerdem geht es hier nicht nur um uns zwei, sondern tatsächlich um Menschen, die uns Vertrauen schenken, die mit unserer Begleitung einen eigenen Weg der Entwicklung gehen. Und so beschließe ich, mit ihr nichts Neues mehr zu beginnen, aber das Begonnene zu Ende zu führen. Auf gut Deutsch: noch zwei Jahre weiterzumachen.

Daneben beginne ich meine eigenen Seminare anzubieten. Bewusst schreibe ich niemanden an, den ich aus unseren gemeinsamen Workshops kenne. Was bedeutet, dass ich sozusagen bei null beginne. Zu meinem ersten selbstständigen Workshop meldet sich eine einzige Frau an! Zum Glück werde ich nach Holland und Deutschland eingeladen, bei schamanischen Weiterbildungen zu lehren. Daraus entsteht langsam ein Kreis, der wächst. Ohne Werbung, nur über Weiterempfehlung. Ich vertraue darauf, dass wenn meine Arbeit etwas Gutes bewirkt, sich das herumsprechen wird. Und so ist es dann auch.

In dieser Zeit stirbt überraschend meine Mutter. Ich stecke mitten in einem Seminar mit Wais Schweizer Fortbildungsgruppe. Ich erinnere mich, wie ich in der Pause auf mein Handy schaue und bemerke, dass man versucht hat, mich zu erreichen. Und wie es mir durch den Kopf schießt: «Oh nein, man will mir mitteilen, dass meine Mutter gestorben ist!» Wie ich daraufhin unmittelbar das Mobiltelefon ausschalte, damit man mich nicht erreichen kann, während es in mir sagt: «Was denkst du da für einen Blödsinn. So was darfst du nicht denken!»

Doch kurz darauf tritt eine Mitarbeiterin des Seminarhauses in unsere Teamsitzung mit dem

Telefonhörer in der Hand und sagt in sanftem Ton: «Orna, dein Vater ist dran. Es ist wichtig.» Nun geht es ganz schnell. Wai versammelt die Gruppe. Während ich den Schock zu verkraften suche, sitze ich schon mitten in einem Kreis wohlwollender, mitfühlender Menschen. Sie singen und eine um die andere spricht zu mir, Worte des Mitgefühls, der Liebe, der Herzlichkeit. Eine warme, tröstende Welle erreicht mich. Und in diesem großen Schmerz erfahre ich, wie es sich anfühlt, sich auffangen zu lassen. Was für ein Geschenk! Dankbar nehme ich es an und spüre, wie sich mein Herz Wai gegenüber wieder ein kleines bisschen entspannt. Ich bekomme einen Briefumschlag, den ich erst auf der Reise nach Spanien, wo meine Mutter gestorben ist, öffne. Jeder hat etwas Geld an einen Zettel geheftet, mit einer persönlichen Botschaft darauf. Damit ich nicht in Geldnöte gerate, wegen der Flugkosten. Tief gerührt ob dieser liebevollen Zuwendung sende ich den Wunsch in den Himmel, dass wir das Thema Sterben wieder mehr in unsere Gemeinschaft holen. Ich muss dabei an Moetu denken, deren schwer kranker Mann während unserer Zeit in Neuseeland verstorben ist. Sie machte mir und Barbara das große Geschenk, dass wir sie in der Zeit begleiten durften. Damit erlebten wir mit, wie die Maoris einen Verstorbenen verabschieden. Ich werde hier nicht Schritt für Schritt erzählen, wie das abläuft, aber ich versuche, herauszufiltern, was mich besonders berührt hat. Nachdem Taru – so hieß ihr Mann – zurechtgemacht worden war, bahrten sie den Leichnam in der institutinternen Kirche auf, und eine Cousine, die Pfarrerin ist, sprach ein Gebet. Dann wurde der Leichnam vor den Eingang des familieneigenen Meeting Houses gebracht und keine Minute mehr alleine gelassen. Tag und Nacht war jemand bei ihm. Und meist war es Moetu, die bei ihm blieb, ihn streichelte, weinte, lachte, schlief und sich Geschichten anhörte oder selbst welche erzählte. Wir schliefen Schulter an Schulter neben ihr, was mich zunächst ein bisschen Mut gekostet hat. Ich habe noch nie bei einem toten Menschen geschlafen. Hier verlor ich aber schnell meine Bedenken. Sogar die Kinder kamen, tätschelten Tarus Gesicht, sie zupften an seiner Nase oder steckten ihm etwas in den Sarg zum Mitnehmen zu. Alle halbe Stunde oder Stunde kam eine Ladung Besucher und wurde mit einem Ritual in den Marae hereingelassen. Dann begannen die älteren Frauen, die beim Leichnam saßen, wieder zu weinen und holten unsere Tränen erneut hervor. Sie erinnerten mich an die Erzählungen meiner Großmutter von Klageweibern. Bis die Besucher wieder gingen und wir uns ein bisschen ausruhen konnten.

Es wurde gelacht, gealbert, geschwiegen ... viel geweint und erzählt. Das Ganze hatte einen klaren Ablauf, den alle zu kennen schienen. Und darin lag enorm viel Freiheit. Am dritten Tag versammelten sich die nahen Angehörigen abends um den Leichnam. An diesem Abend durfte jeder vor allen Anwesenden seine letzten Worte zum Verstorbenen sprechen. Dabei war jeder völlig frei, was er sagte. Bei solchen Gelegenheiten soll es immer wieder mal vorkommen, dass auch Zorn, Wut und Enttäuschung zum Ausdruck gebracht werden. Der Sinn des Rituals besteht darin, dass man sich gänzlich frei macht, um loslassen zu können. Denn am nächsten Morgen wird der Sarg geschlossen und, von allen begleitet, zum familieneigenen Friedhof in der Nähe des Maraes gebracht. Jener Abend hat sich mir besonders eingeprägt. Die Traurigkeit, vermischt mit Heiterem und Momenten der Betroffenheit, der Rührung ... alles erlebt in der Gemeinschaft. Ich hatte das Gefühl, hier geschieht etwas sehr Heilsames. Etwas, das ich mir für uns in der Schweiz wünsche.

Am Flughafen treffe ich meinen Bruder und den Freund meiner Mutter. Wir fahren sofort zu den Behörden. Schweigend. Wahrscheinlich sind wir alle drei damit beschäftigt, das Unfassbare irgendwie zu begreifen. Meine Mutter ist tot. Unsere Mutter. Wie oft habe ich mich gefragt, wie das sein würde? Ob und wie ich damit zurechtkommen würde? Wie oft habe ich das genauere Hinspüren auf ein andermal verschoben, weil ich den Gedanken nicht ertragen konnte? Und nun soll es real sein. End-gültig. Keine Fantasie.

Bestärkt von den Erinnerungen im Flugzeug, bestehe ich darauf, meine Mutter sehen zu dürfen. Doch von den Behörden wird uns das verweigert, da sie obduziert werden müsse. Wenn Ausländer in Spanien sterben, werden sie obduziert. Egal, wie sie gestorben sind. Da kann man nichts machen. Das sind die Regeln. Regeln sind Richtlinien, und Richtlinien sind Leitplanken, an denen man entlang denkt. Das vereinfacht Situationen wie diese für den Beamten, der dafür sorgt, dass alles seine Richtigkeit hat.

Ich mache meinem Bruder klar, dass wir sie, komme, was wolle, sehen müssen und dass wir das irgendwie durchsetzen müssen. Und so lasse ich ihn meine Frage dem Bestattungsunternehmer übersetzen: «Was wäre, wenn es Ihre Mutter wäre und wir Ihnen nicht erlauben würden, sie ein letztes Mal zu sehen?» Ich kann meine Tränen nicht halten bei der Vorstellung, dass wir damit vielleicht nicht zu ihm durchdringen können. Es scheint zu wirken, denn er nimmt das Telefon in die Hand. Nach längerem Hin und Her übersetzt mein Bruder die erlösende Antwort: «O. k. Wir können sie sehen, aber sie ist nicht zurechtgemacht. Wir dürfen nur heimlich zu ihr.» Sofort fahren wir zum Friedhof, um ihm keine Zeit zu geben, in sein Leitplankendenken zurückzufinden.

Als ich den Raum betrete – mein Bruder bleibt vor der Tür stehen –, ist nur die unterste Schublade des Kühlfachs herausgezogen worden. Und in dieser Schublade liegt sie. Wie lieblos. Ich knie mich zu ihr hin, streichle ihr Gesicht, flüstere ihr etwas zu und gebe ihr einen Abschiedskuss auf die Wange. Unvermittelt steht mein Bruder hinter mir. Ich nicke ihm zu, bin froh, dass er sich überwinden konnte hereinzukommen. Ich bin mir sicher, dass er es später bereuen würde, sie nicht nochmals gesehen zu haben. Er kniet sich zu uns. Ein inniger, intimer Moment, der eben so schrecklich wie schön ist. Unser Beisammensein hat etwas von einem Tsunami, der in Zeitlupe auf Zehenspitzen über uns hereinrollt. Ich frage ihn, ob es o. k. für ihn ist, wenn ich ein Gebet singe. Er nickt. Er weiß, dass ich damit nicht sehr leise sein werde. Und so setze ich zu einer Anrufung der Engel an. Der Gesang dringt durch Räume und Mauern, setzt sich über menschliche Begrenzungen hinweg und schwingt sich bis zum Himmelstor empor: «Bitte öffnet die Pforten für die Seele unserer Mutter. Begleitet sie auf ihrer Reise, damit sie sicher und wohlbehalten bei euch ankommt!»

Draußen kichern wir und fühlen uns ein bisschen rebellisch, denn der Mann, der uns heimlich reingelassen hat, hat offenbar vor Schreck weiche Knie bekommen, als der Gesang keinen Halt vor Geboten und Verboten machte. Was für ein passender Abschied für unsere Mutter, die sich selber nie anpasste!

Die Bürokratie braucht schließlich einen geschlagenen Monat, um den Leichnam meiner Mutter nach Israel auszufliegen. Selbst ihre letzte Reise soll mit einem Punkt und vielen Kommata enden. Statt von Spanien direkt nach Tel Aviv, wird der Sarg zuerst nach Berlin geflogen, wo er wegen Formalitäten hängen bleibt. Am Tag der Beerdigung in Israel stellt sich dann heraus, dass der Sarg immer noch am Flughafen Tel Aviv ist. Man möchte den Leichnam nicht freigeben, da ein Papier fehle. Es ist Feiertag, die Behörden haben alle geschlossen, und unsere Herzen liegen mittlerweile am Boden. Wir sind in Magschimim, in einem kleinen Dorf in der Nähe von Tel Aviv, bei den besten Freundinnen unserer Mutter, unsere beiden Wahltanten, die für uns wie Familie sind. Bei ihnen waren wir in unserer Kindheit oft zu Besuch und genossen Abenteuer im Schutze einer Dorfgemeinschaft, die einander wohlgesinnt ist. Erinnerungen von Erdbeeren, so süß und köstlich, als ob sie im Garten Eden gepflückt worden wären, von fröhlichen Besuchen im Kindergarten, der von einer maschinengewehrbewaffneten freundlichen Frau bewacht wurde, von gemeinsamem Essen, Lachen und Erzählen am ovalen Tisch der Walensteins, von dem Gefühl, dass das Leben für mich voller Zuneigung ist mit täglich einem bunten Ei in diesem Nest, das einen Namen hat, der wie eine Erdbeere klingt – die Erinnerungen daran bereichern mein Herz bis heute.

Zum Glück gibt es manchmal jemanden, der jemanden kennt, der mit jemandem in der richtigen Position befreundet ist. Und so dringen wir, als unsere Nerven grad noch an einem Faden hängen, bis zu einem Botschafter durch, der uns hilft, unsere tote Mutter freizubekommen und rechtzeitig zu ihrer Beerdigung zu bringen.

Während einem unserer vielen Telefonate fragt mich mein Bruder so ganz nebenbei, ob mir aufgefallen sei, an welchem Tag sie gestorben ist. «Was meinst du?» «Schau dir das Datum genau an. Was ist das für ein Tag, der 8. Mai?» ... Tatsächlich! Ich kann es nicht fassen. Sie ist an jenem Tag des Jahres gestorben, an dem der Zweite Weltkrieg zu Ende ging.

Nach der Geduldsprobe, die ihre letzte Reise nach Israel uns abgerungen hat, geht der Abschied von ihrem Körper nun fast befremdend schnell vonstatten. Ihre Schwester, Cousinen und Freunde sind von nah und fern angereist. Wir stehen um das ausgehobene Loch in der Erde. Sie wird sachte hineingesenkt. Und eh ich mich versehe, ist das Grab bereits mit Erde zugeschüttet. Ich hole tief Luft. Mein Bruder und ich sind übereingekommen, dass unsere Mutter sich von mir allein in den ewigen Frieden singen lässt. Einen winzigen Hauch von Bedenken hatten wir ja, dass sie vom Himmel herunter etwas auf den Kopf eines Religiösen fallen lassen würde, falls wir einen Chasan engagierten. Also dränge ich den natürlichen Impuls zu weinen tief hinab in mein Inneres, um mein ganzes Wesen den himmlischen Kräften zu öffnen.

Flieg Dvora – so hieß unsere Mutter –, flieg!

Viele fragen mich, ob ich meine Gabe von meinem Vater oder von meiner Mutter vererbt bekommen habe. Ich bin mir nicht sicher. Ich weiß auch nicht, ob Vererbung das Einzige ist, was jemandem diese «Gabe» verleiht. Dann wäre mein Bruder ja ebenso sensitiv wie ich. Und das ist er definitiv nicht. Ich nehme an, es ist ein bisschen komplexer. Zum einen ist da dieses «Sosein», dieses «Ich bin einfach so geboren». Und zum andern bin ich in eine Ansammlung von Traumata hineingeboren. Als Kind der Hoffnung. Als Kind, das ein Zeichen setzt: Das Leben hat gewonnen und bringt die Liebe, bringt aus der Dunkelheit das Licht hervor. In meinen humorvollen Momenten stelle ich mir die Traumata meiner Familie als einen Komposthaufen vor. Die Blockaden, Ängste und traumatischen Erfahrungen meiner Vorfahren und meine eigenen wild durchmischt als organischer Abfall, den ich in meinem Innern mit viel Liebesmühe zersetze. Das stinkt dann in Zeiten der Verarbeitung vielleicht eine Weile, ist kaum auszuhalten, aber es wandelt sich, und zurück bleibt Kraft. Viel Stärke, die den Boden nährt und aus der Mitgefühl, Einfühlungsvermögen, Kreativität, Toleranz und Weiteres wachsen können. Dieser Prozess ist keine einmalige Sache. Wir entwickeln uns ständig weiter. Nicht nur die Weltgeschichte, die Menschheit, die

Reiche der Tiere, der Pflanzen und Steine entwickeln sich seit Jahrmillionen stetig weiter. Das gilt auch für uns Menschen im Einzelnen, sozusagen als kleine Universen, die wiederum aus kleinen Welten bestehen. Wir bewegen uns in Feldern. Die Vorstellung eines einzelnen Menschen, der geistig erwacht und dann durch und durch erleuchtet ist, ist mir fremd. Wenn schon, glaube ich, dass ein Erwachter immer weiter erwacht. Es ist ein Erwachen in ein neues Feld der Liebe, des Mitgefühls, des Glücklichseins ... und von da wieder in ein neues Feld der Erkenntnis, des Lebensgefühls, der Art, wie wir das Leben verstehen und so weiter. Ich glaube, dieses Weiterentwickeln ist kein Auto, das man baut und das irgendwann fertig vom Laufband rollt, sondern etwas Organisches, das nicht nur über unser Verfallsdatum hinausreicht, sondern dieses auch noch miteinschließt.

Inzwischen hat sich der Schmerz der Verletzung in ein Gefühl der Dankbarkeit gewandelt. Ich bin dankbar dafür, dass ich an dem Tag der Entscheidung unter fürchterlichem Druck die Freiheit und Selbstständigkeit gewählt habe. Damals dachte ich, die Entscheidung liege nur bei mir. Dass ich nicht anders konnte, als einen schlimmen Fehler zu begehen, der mich in den Abgrund stürzen würde. Später erkannte ich, dass Wai und ich uns an diesem Tag beide entschieden hatten. Ich fürs Fliegen und Wai fürs Landen. Von da an waren wir nicht mehr kompatibel.

Sieben Jahre nach dem Tod meiner Mutter und nach der Ablösung von Wai erreicht mich eine öffentliche, für jeden lesbare Facebook-Botschaft von ihr, die ich nicht ignorieren kann. Ich solle mich melden und ihr meine E-Mail-Adresse mitteilen. Es klingt dringend, und so schicke ich ihr eine Nachricht mit meiner Adresse. Worauf schon am nächsten Tag eine lange Mail von ihr in meinem elektronischen Postfach erscheint. Ich zögere. Atme nochmals tief durch und beginne langsam zu lesen. Sie sei am Aufräumen. Fragt mich, ob es zwischen uns noch etwas zu klären gebe, und sie reicht mir auf ihre ganz eigene herzlich verdeckte Art die Hand. Sie spürt, dass etwas Neues auf sie wartet und dass sie dieses Neue von Altlasten befreit angehen will. Als ich ihr schreibe, dass mein Blick zurück in unsere gemeinsame Zeit ein dankbarer sei und dass ich nach vorne schaue, dass ich ein erfülltes Leben führe, wozu auch sie maßgeblich beigetragen habe, freut sie sich sehr. Sie schreibt: «Thank you for your reply. I feel now I've addressed all the unfinished things to do in my life. I can happily move on, physically slow but spiritually strong all my love, Wai» (Danke für deine Antwort. Ich fühle jetzt, dass ich mich um sämtliche unerledigten Dinge in meinem Leben gekümmert habe. Nun kann ich frohen Mutes weitergehen. Physisch langsam, dafür spirituell stark. Mit aller Liebe, Wai)

Ein paar Wochen darauf gerate ich in Atemnot. Es fühlt sich an wie eine Asthmaattacke, und die Anfälle kommen und gehen während zwei Tagen. Ich frage mich, was eigentlich los ist. Ob ich auf etwas allergisch bin? Oder ob ich mit jemandem unbeabsichtigt verbunden bin? Die Anfälle sind unheimlich und beängstigend heftig. Ich denke an Wai, denke mir aber weiter nichts dabei. Schließlich erreicht mich ein

Rundschreiben, dass sie gestorben sei. Ich kann es nicht fassen. Unsere Systeme sind nach fünf Jahren ohne jeglichen Kontakt noch so sehr verbunden, dass ich regelrecht bis in den Körper hinein einen letzten Ablösungsprozess durchmache. Ein Freund von mir lacht: «Ja, was glaubst denn du? Ihr hattet eine enge und ganz besondere Verbindung. Zwei Schamaninnen! Und du mit deiner Wahrnehmung, für dich ist das, was für andere gar nicht oder nur ein bisschen spürbar ist, eine richtig handfeste Sache.» O. k. Wenigstens weiß ich jetzt, mit was ich es zu tun habe. Wenn man etwas einordnen kann, verliert ein Symptom meist schon seine Reißzähne.

Und wieder hat wahrscheinlich der Himmel seine Finger im Spiel. Ich erfahre in einem weiteren Rundschreiben, wann die Beerdigung ist und dass es bis dahin noch einige Tage dauern wird. Vorbereitungen, Anreisen ... irgendetwas stimmt nicht. Aber ich komm einfach nicht darauf, was das sein könnte.

Soll ich denn tatsächlich nach Neuseeland zur Beerdigung fliegen? Ist es das, was ich fühle? Irgendetwas fehlt. Aber was? Das Gefühl lässt mich nicht los, dass dieser Kreis noch nicht rund und stimmig ist und dass es noch etwas zu tun gibt. Es will mir aber nicht einfallen, was. Bis mich eine Mail erreicht, in der ich gefragt werde, ob ich etwas zur Beerdigung beitragen möge. Ein paar Worte oder ein Lied – ein Lied! Ja, klar, Wai hatte sich von mir gewünscht, dass ich ihr meinen Song «Home to Home» singe, wenn sie dereinst vor mir sterben sollte. Wie konnte ich das nur vergessen? Sofort sende ich eine Tondatei des Liedes zurück, und dabei schließe ich fest meine Augen. Als ob das dem Lied allen Zauber und alle Kraft mitgeben würde, um am anderen Ende der Welt seine Bestimmung zu erreichen. Ich bin ganz aufgeregt. Mein Versprechen wird vielleicht eingelöst, und ihr Wunsch wird erfüllt! Es dauert mehrere Tage, bis ich – wiederum in einem Rundschreiben – erfahre, dass mein Lied tatsächlich bei der Beerdigung abgespielt wurde. Ein paar Monate später darf ich dann von ihrem Partner erfahren, was der Song an der Beerdigung bewirkt hat und dass es der innigste Moment in der Zeremonie war. Nun kann ich ausatmen. Der Kreis fühlt sich rund an. Ganz rund.

Als Schlussgebet sende ich meinen tief empfundenen Dank zum Himmel. Danke, Wai, dass du beim Ausfädeln unseres Beziehungsgeflechts so umsichtig warst. Und dass wir beide die Größe hatten, einander noch die Hand zu reichen! Danke.

Im labilen Gleichgewicht

Unterdessen sind einige Jahre ins Land gegangen. Ich stehe an einem anderen Punkt in meinem Leben als damals, als mich ein Schamane mit durchdringendem Blick fragte, ob ich Huhn oder Adler sei. Meine Arbeitsweise hat sich seither stark weiterentwickelt. Wai hat einmal zu mir gesagt, dass ich wie gemacht sei dafür, mit lebendigem Wissen zu arbeiten. Ich habe mich damals lange gefragt, was genau sie damit meinte. Und so langsam verstehe ich: Ich gebe nicht von ihr Gelerntes weiter, sondern ich erhalte und entwickle weiter, was kostbar ist. Das andere lasse ich los. Das andere ist das, was nicht mehr zu mir passt oder was sich nicht mehr vital anfühlt. Was nicht wirklich Entwicklung ermöglicht, sondern in Abhängigkeit hält. Nicht mehr atmend und nicht mehr lebendig ist. Nicht mehr zeitgemäß. Hinzu kommen manchmal Dinge, die mir im wahrsten Sinne des Wortes einfallen. Man nennt so was Eingebung.

Ein Beispiel: Vor ein paar Jahren – ich gab ein Seminar in Deutschland – legte mir eine Frau ein Bild von ihrer Tochter in die Hand und fragte, ob ich ihr einen Rat geben könnte, was sie für ihr Kind tun könne. Ich schaute mir das Bild an und antwortete, es tue mir leid. Ich würde dasselbe sehen, wie die meisten darauf sehen können. Ich sähe ein junges Mädchen, das in die Kamera lacht. Die Frau entgegnete, dass Schamanen doch mehr erkennen können. «Was denn?» fragte ich. Schamanen würden doch über ein Foto Zugang zum lebendigen Menschen bekommen. «Na, eben hellsehen können sie!» «Tut mir leid. So was kann ich nicht.» Die Enttäuschung stand ihr ins Gesicht geschrieben. Vielleicht war sie sogar nur wegen dieser Frage zum Seminar gekommen, und nun musste sie ohne einen Rat nach Hause zurück. Das rührte mir ans Herz. Und aus einem Impuls heraus fragte ich: «Wie heißt es denn, das Mädchen?» «Petra.» Wieder aus einem Impuls heraus begann ich, den Namen in mir zu wiederholen, innerlich vor mich hinzusagen, während sich langsam und spürbar das Gefühl in mir veränderte. Es war, als ob eine Ahnung mir zeigen wollte, wie Petra sich anfühlt. Und ich begann das Gefühlte zu beschreiben: «Also, wir machen jetzt ein kleines Experiment. O. k.? Deine Petra fühlt sich an, als ob sie sich in sich selbst zurückgezogen hätte. Dort scheint es schwer und dunkel. Sie möchte raus und weiß nicht wie. Es fällt ihr sehr schwer, sich zu äußern ...» Die Frau nickt und sagt: «Petra ist in der Klinik, sie leidet unter Depressionen. Es kommt niemand an sie ran.»

Ich wusste gar nicht, dass so was geht! Plötzlich habe ich den Anfang von etwas in der Hand, von dem ich keine Ahnung habe, dass es überhaupt existiert! Etwas, zu dem es keine Ausbildung gibt. Kein Buch. Kein Vorbild. Nur das Stückchen einer Ahnungsschnur, und an der beginne ich vorsichtig zu ziehen. Ein Name kann mir also etwas über den Menschen aussagen, der ihn trägt. Na so was!

Da ich eher ein Mensch von der skeptischen Sorte bin, hüpfe ich nicht gleich rum und verkünde meinen neuen Fund. Ich probiere aus, hole Feedback ein, zu dem, was ich wahrnehme, und arbeite mich langsam von Namen zu Namen weiter in die faszinierende Möglichkeit hinein, einen anderen Zugang zu meinem Gegenüber zu bekommen als über das Befragen. Selbstverständlich mache ich meine «Namensexkursionen» nach der ersten Erfahrung nur mit Menschen, von denen ich die Erlaubnis dazu eingeholt habe.

Da ich von Haus aus Sängerin bin, liegt es nahe, dass ich irgendwann beginne, die Namen auch zu singen. Ich beginne zu horchen, was das Singen der Namen mir und meinem Gegenüber für Möglichkeiten eröffnet, nachdem ich mehrere Monate damit verbracht habe, Namen und deren Träger innerlich sprechend zu «erforschen». Die Reaktionen machen mir Mut. Alleine schon seinen Namen so schön und wertschätzend gesungen zu bekommen wie im Leben noch nie, scheint bereits wirksam zu sein. Also beginne ich allmählich zu kombinieren. Ich verbinde das Wahrgenommene, die Information, worum es geht, mit dem, was ich über den Gesang meiner Klientin «geben» kann. Und nun wird es wirklich spannend. Es zeigt sich die Möglichkeit, in den Klang des Namens einzutauchen und darin nicht nur «horchend mitzuschwimmen», sondern Impulse zu setzen, für ein Klären, Vertrauen, Loslassen oder was auch immer gerade dran ist.

Kann jemand verstehen, warum ich wieder einige Jahre brauche, um mehr und mehr zu erfassen, wie zentral die Frage nach der Identität ist? Ich meine, ich habe es tagtäglich in den Ohren! Ich singe die Namen von Menschen, tauche über den Klang in ihre Identität ein. Manche Funde, auf die ich dabei stoße, mache ich hörbar, und nicht selten ändert sich nach und nach ein ungeliebtes «Ich bin» zu einem entspannten «Ich war». Worauf es wieder bewusst oder unbewusst mit der Frage weitergeht: zu wem macht mich das Entspannen eines psychischen Schmerzes, der viele Jahre meine Wahrnehmung, meine Interpretation von dem, was im Miteinander mit anderen Menschen passiert, mein Verstehen von dem, wie ich ticke, wie andere ticken, bestimmte und nun nicht mehr tonangebend ist? Wer ist man, wenn man zum Beispiel nicht mehr der Stimme des Vaters aufsitzt, die stets und immer die gleiche Antwort auf verlockende Signale gibt, dass man niemals attraktiv genug sein werde für einen Partner? Wenn man stattdessen lernt, sich so, wie man ist, attraktiv zu fühlen, und davon ausgeht, dass es Männer gibt, die das auch so empfinden? Schon allein diese kleine Veränderung im Denken und Fühlen kann eine massive Veränderung in einer Identität zur Folge haben. Sich schön fühlen oder nicht schön fühlen. Es würde sich bis in die Körperhaltung, bis in den Gang, bis in ein verändertes Lebensgefühl hinein bemerkbar machen. Noch mehr: Man würde Blicke anders interpretieren, Gespräche anders führen, würde sich grundsätzlich als attraktive Frau empfinden oder als eine, die eh niemand will.

Auch in mir bewege ich noch immer die Frage «Wer bin ich?» Man könnte meinen, dass ich es mit diesem Buch in Bezug auf meine schamanische Seite beantworte und somit für mich den Frieden damit gefunden habe. Ich bin Schamanin. Endlich habe ich das kapiert und angenommen. Punkt. Aber das ist nur der Teil, auf den ich hier mit der Taschenlampe leuchte. Womit ich einen kleinen Einblick in die Welt des Schamanenseins in der heutigen Zeit geben möchte. Womit ich ein bisschen aufzeigen will, dass die Art und Weise, in der jemand arbeitet, sie oder ihn längst nicht zu einer Schamanin oder zu einem Schamanen macht. Dass man so was nicht in einem Kurs lernen kann. Und dass es nicht um das Erlernen irgendwelcher Techniken geht. Dass das Schlagen einer Trommel, das Auslegen von Steinen oder das Singen auf «schamanische Weise» noch keine und keinen zum Schamanen oder zur Schamanin macht.

Aber habe ich damit offenbart, wer ich bin? Das wäre, wie wenn ich meinen Körper beschreibe, ihn mit meinen Worten vielleicht gut sicht- und nachfühlbar mache, sämtliche Einzelteile, Materialien, Stoffe und das Zusammenspiel der Organe untereinander und deren Funktionsweise und so weiter erkläre und meine, damit mein Menschsein verstehbar gemacht zu haben. Aber dadurch hat man noch lange kein Bild vom ganzen Menschen gewonnen. Was uns ausmacht, ist viel mehr als ein Körper, eine Seele, Talente, Herkunft, Erfahrungen, Prägungen und so weiter. Was uns als Menschen ausmacht, ist ein ganzes Universum. Es ist das Alles, das in das Eine einfließt. Das Alles, das in die eine Sekunde einfließt, in der ich eine Entscheidung treffe. Tick, tick, tick! Und wir treffen die ganze Zeit bewusst oder unbewusst Entscheidungen. Oder wir treffen die Entscheidung, nicht zu entscheiden. Auch damit kommen wir aus der Nummer nicht heraus. Wir lassen vielleicht für uns entscheiden, aber auch dann gilt: Das ist es dann, was wir entschieden haben.

Wer aber trifft die Entscheidungen? Die Schamanin? Die Frau? Die, die nicht weiß, ob sie Huhn oder Adler ist? Die, die erfahren hat, dass Zeit tatsächlich manch eine Wunde heilen kann? Oder die, die erfahren hat, dass manche Wunden wund bleiben und nur dann nicht schmerzen, wenn sie nicht angerührt werden?

Wir sprechen gerne vom Kern. Das macht es einfacher. Der Kern im Fruchtfleisch, das sich drumherum gebildet hat. Die Mitte von dem, was alles da ist und wie es angeordnet ist. Doch, wo es eine Mitte gibt, stellt sich immer die Frage «von was?» Das Zentrum meiner Wut? Der Kern meiner Sehnsucht? Die Balance zwischen dem Gestern und Morgen? Wir haben Tausende und Abertausende Mitten in und um uns. Es bildet sich eine Mitte mit anderen, und diese anderen Menschen sind auch wieder extrem flexibel, denn wir sind ja pulsierende Geschöpfe. Getrieben von Launen, Gefühlen, Gedanken, Rhythmen und vielem mehr, sind wir ständig mit inneren Gewichtsverlagerungen konfrontiert. Mein Vater hat mal eines seiner Kunstwerke «Im labilen Gleichgewicht» genannt. Dieser Ausdruck ist mir hängen geblieben. Ja, die Mitte ist in ständiger Bewegung und stets der Frage folgend: Mitte wovon? Die Suche nach dem Kern, nach dem «Wer bin ich?» ist eine lange Reise mit vielen Antworten und noch viel mehr Fragen.

Hier endet mein Weg mit Wai.

Das Gefühl des Überschwemmtwerdens hat sich mittlerweile in mir gelegt. Ich bekomme die Informationen, die ich brauche, alles andere bleibt im großen dunklen Feld. Ich vermute, es hat damit zu tun, dass ich mehr Übung darin habe, so zu sein, wie ich veranlagt bin. Zudem setze ich meine Talente bewusst ein. Sie bahnen sich nicht mehr ungefragt und unbewusst ihren Weg nach draußen, sondern ich habe das Steuer übernommen. Die Kraft, die ich früher dafür brauchte, um mich dagegen zu wehren, steht mir heute zur Verfügung.

Ein weiter Weg liegt hinter mir, und ich freue mich darauf, den Weg zu gehen, der vor mir liegt. Viele Fragen bewegen mich. Ich versuche – so wie Rainer Maria Rilke es einst einem jungen Dichter so wunderbar simpel und weise empfohlen hat –, in die Antworten hineinzuleben. Manches braucht seine Zeit. Viel Zeit, bis es von Kopf bis Fuß verstanden ist. Denn ein Wissen sollte nicht nur durch den Kopf gehen. Der Verstand sollte – wie es das Wort schon sagt – auf Füßen stehen und gehen. Der Verstand sollte in der Erfahrung wurzeln.

Wie ich Arbeite

Wenn ich gefragt werde, wie ich als Schamanin arbeite, merke ich jedes Mal, wie sehr mich diese Frage herausfordert. Manchmal sage ich: Ich singe die Leute an. Dann werde ich mit großen Augen angeschaut und ernte fragende Blicke. Wenn ich gerade Lust habe, mein Gegenüber mit einem Fragezeichen zu belassen, verstummt das Gespräch meistens. Ansonsten füge ich an, dass ich ins System eines Menschen hineinsinge und mit Klang Impulse setze. Seltsamerweise nicken dann die meisten, und ich kann mich fragen, ob diese Erklärung denn tatsächlich so klar ist. Ich jedenfalls würde mich damit nicht zufriedengeben. Auf der anderen Seite bin ich auch froh darüber, dass nicht weiter in mich gedrungen wird, denn von dort aus würde es schwierig und schwieriger werden, meine Arbeitsweise zu erklären. Wer möchte schon Genaueres über eine Arbeit erfahren, die sich in nachvollziehbaren Worten kaum bis zu ihrem Inhalt hin entkleiden lässt?

Zu mir kommen Menschen, die aus irgendwelchen Gründen aus dem Gleichgewicht geraten sind. Mal bringt ein schmerzendes Knie jemanden zu mir, mal ist es ein gebrochenes Herz, mal ein Gefühl, dass das Leben an einem vorbeizieht und man das Wesentliche verpasst. Mal ist es dies, mal jenes.

Für mich ist jeder Mensch ein Mysterium. Wenn jemand mir erlaubt, ihn oder sie zu begleiten, begleite ich immer eine ganze Welt. Es gibt viele Gründe, warum etwas schmerzen kann. Es kann eine Lebensführung sein, die in Disharmonie geraten ist. Etwas kann vererbt sein und sich erst jetzt bemerkbar machen. Es kann eine innere oder äußere Fehlhaltung sein. Es kann eine gespeicherte Erinnerung aus dem Leben eines Vorfahren sein. Es können bewusste oder unbewusste Schuld- oder Schamgefühle sein, die auf einem lasten. Es kann eine körperliche, geistige und – oder – eine emotionale Vergiftung sein. Ich könnte noch sehr viele weitere Gründe aufzählen, warum jemand krank wird, und ich kann nur hoffen, dass diese kleine Liste eine Ahnung davon gibt, wie komplex Gesundheit sein kann.

Es gibt aber auch Menschen, die über ein bärenstarkes körperliches, geistiges oder emotionales Immunsystem verfügen. Bei denen macht sich eine unpassende Lebensführung gar nicht oder eher erst spät bemerkbar. Die können rauchen, fluchen und rücksichtslose Entscheidungen treffen, während sie sich bester Gesundheit erfreuen. Ohne Sport zu treiben! Wie unfair ist das denn?

Aber Krankheit ist keine Strafe oder Buße, die einen von irgendwoher überkommt oder von jemandem abgetragen werden muss. Es gelten auch nicht die einfachen Gleichungen von: «Rückenweh heißt, du hast dir zu viel Last aufgebürdet», «Ohrenweh heißt, du willst etwas nicht hören», «Verstopfte Nase heißt, wovon hast du die Nase voll?» Wir speichern sehr wohl heftige Erlebnisse im Körper ab, die irgendwann zu einer Verletzung an eben diesem Ort im Körper führen können. Manchmal lohnt es sich sehr wohl, in feiner Detektivarbeit diese Speicherungen zu entschlüsseln. Oft aber auch nicht, besonders dann nicht, wenn wir Schlüsse ziehen, wie zum Beispiel Husten sei ein Ausdruck davon, dass man seine Wut nicht anders artikulieren könne.

In der schamanischen Arbeit, wie ich sie kenne, begegne ich bei einem Menschen nicht nur dessen Persönlichkeit, seinem Wesen, sondern auch seinen Verwandten, Freunden, Nachbarn, ja sogar seinen Feinden, aber auch den Feinden, Leiden und Freuden derer, die ihm nahestehen. Des Weiteren begegne ich den Tieren, Pflanzen, Steinen, Ländern und Orten, für die sein Herz schlägt – oder dagegen. Und das ist noch nicht mal alles. Ich begegne seiner Fantasie, den Bildern und Berichten, die er aus dem Fernsehen oder in der Zeitung aufgeschnappt hat und dem, was sie in ihm bewirkt haben, und ich treffe auf Erzählungen, die ihn bewusst oder unbewusst beeinflussen. Kurz gesagt: Jeder Mensch ist Schöpfung. Wenn man sich das mal so richtig überlegt und sich fragt, was das wirklich bedeutet, dann kommt man aus dem Staunen nicht mehr heraus.

Und: Ist Krankheit eigentlich immer etwas, das korrigiert werden soll? Oder könnte es sein, dass Krankheit manchmal – also unter Tausenden von Möglichkeiten – auch etwas ist, das genau so wie es ist, gut ist?

In den letzten Jahren habe ich mich auf Blockaden und Traumata spezialisiert. Ich war schon immer mehr an den Emotionen anderer Menschen als an ihrem körperlichen Befinden interessiert. Das ist einfach so, und es zeigt sich auch in meinem Interesse mir selber gegenüber. Sport? Oje! Ich habe viel Toleranz, dass andere daran Freude haben. Aber meine Begeisterung geht mehr in Richtung emotionaler, geistiger und spiritueller Bewegung. Als Tochter von zwei hoch traumatisierten Eltern interessiere ich mich dafür, wie man die Auswirkungen von Traumata mindern, ja vielleicht sogar beenden kann. Wenn ein traumatisches Ereignis einmalig oder wiederholt stattfindet, müssen wir irgendwie mit dem, was es mit uns macht, klarkommen. Wird ein Kind zum Beispiel über Stunden in einen dunklen Keller gesperrt, weil es nicht brav war, so muss es für sich Strategien entwickeln, mit deren Hilfe es diese fürchterliche Situation überstehen und danach weiterleben kann. Manche überstehen so etwas, indem sie sich in ihr Inneres zurückziehen, andere schreien und weinen, bis sie vor Erschöpfung einschlafen, und wieder andere machen innerlich dicht. Danach wird das Erlebte unbewusst eingeordnet. Zum Beispiel durch die Schlussfolgerung: Dunkelheit heißt Gefahr, Einsamkeit, Verzweiflung, Scham, oder sie ist einfach bedrohlich. Vor allem als Kleinkind und Kind, in einem Alter, in dem wir noch nicht im analytischen Teil unseres Verstandes zu Hause sind, erreicht uns das Erlebte im Innern ungefiltert. Und danach wird es Bestandteil unseres Filters, durch den wir die Welt wahrnehmen. Dunkelheit ist nach dem Kellererlebnis nicht mehr einfach Dunkelheit.

Zugleich haben wir durch diese Erfahrung Neues gelernt: Wenn ich nicht brav bin, sperrt mich die Mama oder der Papa in den dunklen Keller ein. Auch hier kann man hundert verschiedene Wege «wählen». Während in den einem zum Beispiel ein Gefühl von «jetzt erst recht» heranwächst, entsteht in andern ein Gefühl von «anpassen um jeden Preis» beziehungsweise «vermeiden um jeden Preis», damit so etwas nie wieder geschieht. In diesen Dingen sind wir sehr kreativ und wählen die Strategie, die uns am besten zu helfen scheint.

Wenn sich in einer Sitzung zeigt, dass aus dem Hintergrund ein Trauma wirkt, fühlt sich das für mich ein wenig so an, als ob jemand beim Einatmen stecken geblieben ist. Oder anders gesagt: Es fühlt sich so an, als ob das Erlebte nicht landen konnte.

Dazu ein Beispiel: Eine Teilnehmerin aus einer meiner Weiterbildungen hat mich nach einem Seminar netterweise mit dem Auto zum Zug gebracht. Später erfahre ich, dass sie nach dem Verabschieden in eine Krise gestürzt ist. Als sie sich fragte, wo dieser kaum auszuhaltende psychische Schmerz herrührte, bemerkte sie, dass es mit dem Verabschieden am Bahnhof zu tun hatte. So viele Male hatte sie in ihren über sechzig Lebensjahren Menschen an Bahngleisen verabschiedet, doch nun, da sie mich zum Zug gebracht hatte, ging die Wunde, die das Trauma hinterlassen hatte, mit einem Mal auf. Nach und nach schossen Erinnerungen und Gefühle, die sie über Jahrzehnte an einem unzugänglichen, lichtlosen Teil ihres Inneren abgelegt hatte, an die Oberfläche ihres Bewusstsein. Ein Zug, in dem sie und ihre Eltern fuhren ... eine Entgleisung ... ein tragisches Unglück, in dem alle starben ... außer sie ... ein kurzer Zwischenhalt in einem Kinderheim ... ein missglückter Aufenthalt von zwei Jahren bei der Familie ihres Vaters ... sich nicht mitteilen können, ein Sichalleinfühlen ... das Unterkommen bei der Freundin ihrer Mutter, wo es schwierig blieb ... wo alle starben ... außer sie ... eine totale Überforderung für ein elfjähriges Kind ... ein Zurückfinden müssen ins Leben, ein Zurückorientieren ... ganz allein ... und dann irgendwie Oberhand gewinnen. Das Leben ging weiter. Bis zu dem Tag. Als das, was für sie als Elfjährige unverdaulich eingekapselt worden war, hochkam und die erwachsene, gestandene Frau nahezu niederdrückte.

Es schien, als hätte ihr Inneres darauf gewartet. Bis sie in sich ausreichend Reife entwickelt hatte. Und darauf, dass sich genügend Vertrauen in sich selber und in ihr Umfeld herangebildet hatte, dass das, was hochkommen musste, in einem Gefühl von Geborgenheit und Sicherheit landen konnte. Denn was sie nun überschwemmte, waren die Gefühle der Elfjährigen. Gefühle, vor denen man eigentlich wegrennen möchte. Aber sie entschied sich dafür, sich dem zu stellen, was da in ihr hochschwemmte.

Diesen Vorgang bezeichne ich als «Landen». Was in der Kindheit erlebt wurde und nicht verdaubar war, wirkt unreflektiert aus dem Untergrund und beeinflusst die Entscheidungen im täglichen Leben zum Teil maßgebend. «Landen» heißt so viel wie: Das Erlebte zu sich nehmen, es, wie man im Englischen dafür so schön sagt, umarmen, «to embrace». Nicht nur die Umstände, das Geschehene, sondern auch die eingeschlossenen oder weggedrückten Gefühle umarmen. Manchmal geht das in einer einzigen Sitzung, und manchmal braucht es Tage, Wochen oder Monate. Es bedeutet, ein Erlebnis zu integrieren, das man sozusagen nicht nur unbewusst vor sich hergetragen, sondern das auch aus dem Inneren unser Leben mitbestimmt hat. Dabei ist es nicht wichtig, jedes Detail zu durchzufühlen. Was ich in meiner Arbeit beobachte, ist, dass man den eingeschlossenen Schmerz zwar verdrängen, ignorieren oder «beiseitemeditieren» kann. Der Preis dafür ist aber manchmal zu hoch.

Nicht jede Demütigung, Verletzung, Bosheit oder unbeabsichtigter Schmerz, nicht jede auslösende Handlung hat traumatische Auswirkungen. Manch eine Demütigung führt lediglich zu einer inneren Blockade. Und so manche seelische Verletzung kann von uns Menschen verarbeitet werden. Ich habe viele Menschen getroffen, die eine verbale Gewalt erfahren haben oder mit Liebesentzug bestraft worden sind. Aggression kann sehr leise und «freundlich» daherkommen, sie kann aber auch laut und offensichtlich zerstörerisch sein. Als Kind lebt man in einer permanenten Abhängigkeit. Selbst wenn es einem zu viel wird, kann man nicht einfach weglaufen.

Dazu ein Beispiel: Als Mirjam zu mir in die Praxis kam, saß mir eine beliebte und erfolgreiche Therapeutin gegenüber, die mir erzählte, dass sie von ihren Kollegen in der Klinik geschätzt und respektiert werde, dass sie zugleich aber daran leide, sich dumm und wertlos zu fühlen. Sie ist eine Therapeutin mit gutem Abschluss und vielen Jahren Berufserfahrung. Und ihr war klargeworden, dass sie noch immer auf Anerkennung von ihrem verstorbenen Vater hoffte. Nach und nach kam zum Vorschein, was sie gebetsmühlenartig von ihm zu hören bekommen hatte: dass sie für einen Abschluss zu dumm sei und dass eine wie sie auch keinen Mann abbekommen würde.

Man muss sich das einmal vorstellen. Ein Vater sagt seiner eigenen Tochter fast täglich, sie werde es nie zu etwas bringen. Nicht einmal zu einem Mann, der sie lieben würde! Und was tut die Tochter? In ihr steckt genügend Revoluzzertum, dass sie als Teenie beschließt: «Dem zeige ich es!» Damit wäre die Geschichte erledigt, wenn die Stimme des Vaters nicht immer wieder den festen Boden unter ihr aufgerissen hätte, den sie eben zu gewinnen wähnte. Jedem Flirt ging sie ein Leben lang aus dem Weg, und die beruflichen Diplome halfen nur bedingt gegen die demütigende Hirnwäsche, die im Inneren weiterhin ihre Hoffnungen, Wünsche, Entscheidungen und ihren Selbstwert beschmutzte.

Hier ging es nicht darum, nochmals durch die Gefühle des Erfahrenen zu gehen, sondern sich Schritt für Schritt von der Stimme, die sie verinnerlicht hatte, zu befreien. Der Stimme ihre Macht zu nehmen. Das geht nicht mit Diplomen. Das geht über mutiges Erobern einer neuen, eigenen Wahrheit. Erst bekam sie von mir Hausaufgaben, die wir miteinander vor- und nachbearbeiteten. Mal war es der Vorschlag, zu Hause im Dunkeln nackt zu tanzen, mal war es eine Meditation, die ihrer Sichtweise auf sich selber eine neue Perspektive anbot und anderes, was ihr ermöglichte, ihre selbstgesteckten Grenzen nicht nur im Innern, sondern auch im Außen zu erweitern. Mit der Zeit machten ihr diese «Übertretungen» so viel Freude, dass sie sich selber neue Grenzübertritte ausdachte. Mirjam entdeckte bei ihren Wagnissen mehr und mehr, was für ein humorvoller, liebenswerter Mensch sie war. Schließlich landete die Stimme des Vaters dort, wo sie hingehört. Beim Vater. Hier war Selbstbestimmung unsere Blickrichtung.

Um Bestimmung geht es bei außerordentlich vielen Menschen, die zu mir kommen. Wer bin ich, und wozu bin ich auf dieser Welt? Vielen ist bewusst, dass Bestimmung nicht etwas ist, was der Himmel, Mama, Papa oder die Gesellschaft für uns festlegen. Sondern dass es etwas ist, was wir unter Berücksichtigung unserer Möglichkeiten und der Gesetzmäßigkeiten unseres Lebenslaufs mitbeeinflussen können. Und das führt bei manchen zu Stress.

Eines Tages betrat etwas schüchtern Herr Schmid meinen Praxisraum. Er erzählte, dass er über viele Jahre sein Geschäft aufgebaut und erhalten habe. Nun bemerke er, dass er sich trotz seines Erfolges leer fühle. Er komme sich wie ein Rädchen – ein wichtiges Rädchen zwar, aber eben nur als ein Rädchen – im ganzen Getriebe vor. Und er frage sich «Wozu das alles?» Kinder habe er keine, für eine Beziehung sei er zu schüchtern und zu eigensinnig. Die Vorstellung, dass er jetzt noch zehn Jahre bis zur Pensionierung so weitermachen müsse, sei nicht auszuhalten.

In der Sitzung kam dann seine grundlegende Prägung zum Vorschein: Das Leben ist hart. Man muss auf die Zähne beißen und ackern. Viel ackern. Dem gegenüber steht sein musisches Talent, sein Hang zur Verträumtheit, seine Liebe zur Musik und der Jugendwunsch, Pianist zu werden ... Wir hatten Gold gefunden. Ein großes Interesse, ja geradezu eine Begeisterung für etwas und die Liebe dazu! Da setzten wir an. Und so fragte ich ihn, was ihn denn davon abhalte, Klavier zu spielen. Er tastete sich vorsichtig durch die inneren Stimmen, bemerkte Schritt für Schritt, wie absurd es war, dass er noch immer nicht Klavier spielte, und öffnete der Sehnsucht schüchtern seinen Herzensraum.

Im Moment der Liebe erschließt sich uns der Sinn des Lebens.

Und dieser Moment ist ein überaus wichtiger für meine Arbeit. Manchmal singe ich ein Gebet, einen Psalm, singe liebevoll, zärtlich und wertschätzend den Namen einer Klientin, oder ich singe ihn eindringlich und nahezu rufend. Ich berühre über Stimme und Hände. Manchmal folge ich einem Klienten durch die inneren Bilder, die zu einem Thema in ihm hochkommen, und manchmal mache ich dazu eine rituelle Heilarbeit. Das Entscheidende ist nicht wirklich die Technik. Was meine Arbeit am meisten ausmacht, ist das angeeignete psychologische Gespür und Wissen darüber, wie wir Menschen ticken. Und zum andern sind da meine Intuition und meine Eingebungen.

Intuition und Eingebung

Intuition ist das Gespür, das wir durch unsere Erfahrung entwickeln. Erfahrungen und Antrainiertes rufen wir aus unserem Unbewussten ab. Während uns der Instinkt angeboren ist, baut Intuition auf Erlebtem auf. Wir bezeichnen es gerne auch als «aus dem Bauch heraus» wahrnehmen und handeln.

Unser Unbewusstes[6] ist wie ein riesiger Speicher. Dahinein fallen sozusagen alle unsere Erfahrungen. Und da drin befinden sich auch die Erfahrungen, die wir ererbt haben. Das ist unfassbar, und zum Glück müssen wir das nicht alles im Bewusstsein haben! Die Intuition ist wie ein riesiger atmender Rechner, der sich all der Daten in Windeseile bedient, die in uns gespeichert sind. Wenn wir eine intuitive Entscheidung treffen, kann sich das für uns wie eine spontane Erkenntnis oder ein Aktivieren tiefen inneren Wissens anfühlen. Unser Inneres spuckt dann zum Beispiel ohne Umweg über den Verstand, sozusagen aus dem Bauch heraus, die Einschätzung einer Situation aus. Meine Mutter hatte eine ernst zu nehmende Intuition. Sie konnte Situationen oft unmittelbar und ganzheitlich erkennen und verstehen, und sie vertraute diesem Gefühl auch meistens.

So durfte ich schon früh mitbekommen, dass das Unterbewusstsein eine Intelligenz ist, die wesentlich schneller zu einem Ergebnis kommt als der Verstand. Auf der anderen Seite kann die Intuition aber auch ganz schön danebenliegen. Zum Beispiel, wenn sie durch einen Geruch oder ein Geräusch aufgereizt wird, durch einen Gesichtsausdruck oder eine Begebenheit, die sie blitzschnell mit alten Erfahrungen verbindet und die einen in der gegenwärtigen Situation fehlleiten. Eine Teilnehmerin meiner Weiterbildungen meldete sich beispielsweise eines Tages zu Wort. Ich hatte die Gruppe durch eine Meditation zu inneren Bildern zum Thema Weiblichkeit und Spiritualität geführt. Die Teilnehmerin erzählte nun, dass sie sich ab einem bestimmten Punkt in der Meditation den Wunsch verbat, ihren inneren Reichtum ganz und gar in sich auszubreiten und «es frei fließen zu lassen». Eigentlich sei das doch ganz einfach und auch etwas Schönes! Ihr aber erscheine es nahezu unmöglich. Sie kenne das auch aus ihrer schamanischen Arbeit. Dass etwas in ihr in ganz bestimmten Momenten intuitiv auf die Bremse trete, und das geschehe an einer Stelle, bei der sie eigentlich entspannen und geschehen lassen könnte. Ihre Intuition signalisiere ihr dann: «Achtung, Gefahr! Hier nur mit Vorsicht und sehr wachsam, wenn überhaupt geschehen lassen!» Also unternahmen wir einen kleinen Ausflug in ihr Inneres. Dadurch wurde klar, wie ihre Familiengeschichte sie dazu führte, dass sie in gewissen Momenten innerlich auf die Bremse trat. In ihrer Geschichte war der Missbrauch von Macht in Verbindung mit geistigen Fähigkeiten zu finden. Die teils bewusste und teils unbewusste Angst davor, dass sie ihre Gaben missbrauchen könnte, weil sie ein Abkömmling dieser Linie war, bewirkte, dass ihre Intuition sie auch in Momenten bremste, in denen sie eigentlich hätte geschehen lassen und vertrauen können.

Das Spannende an diesem Beispiel ist, dass es sich um eine Frau handelt, die nicht nur eine gute Intuition hat, sondern die auch damit arbeitet. Ihr Inneres bedient sich aber ohne ihr Wissen in bestimmten Situationen in Sekundenschnelle aus dem Erbe der Vorfahren und bei den Erfahrungen der Herkunftsfamilie. In diesen Momenten erfasst sie intuitiv die Möglichkeit, dass sie ihre Talente missbrauchen könnte, und bremst sich ab. Diese Entdeckung war hilfreich und vervollständigte das Puzzle rund um die Frage, worum es eigentlich ging. Wir mussten in ihrem Unterbewusstsein eine Art Filter «einbauen». Eine ethische Haltung, der sie sich klar und deutlich verschreibt. Ich schreibe «klar und deutlich», weil wir zwar oft eine ethische Haltung haben, mit dieser aber wenig konsequent verfahren. So haben beispielsweise viele das Gebot «Du sollst nicht töten» für sich verinnerlicht. Wenn aber eine Mücke um die Ohren geflogen kommt, klatschen sie nach ihr, bis das Tier platt ist. Oder wir verschenken mit Freude und von Herzen Blumensträuße. Den wenigsten kommt dazu in den Sinn, dass Blumen ihr Leben aushauchen, wenn sie geschnitten und verschenkt werden. Wer sich also ein Gebot auf die Fahne schreibt, ist sogleich mit der Frage konfrontiert, inwieweit er gewillt ist, dieses anzuwenden.

In der schamanischen Heilarbeit ist es gut zu wissen, was für eine Haltung ich einnehme. Denn eine Haltung nehme ich auf jeden Fall ein. Selbst wenn ich keine einnehme. Gerade darum ist diese so wichtig. Denn die innere Haltung gebiert mein Verhalten. Inwieweit ist Manipulation erlaubt? Wie gehe ich mit der eigenen Begrenzung um? Wer trägt

Verantwortung wofür? Was genau ist mit «Liebe» gemeint? Wie lebt man sie in Momenten, die nicht offensichtlich dazu einladen, Liebe zu leben?

Eingebung andererseits ist ein Geistesblitz, der von außen kommt. Sie ist eine Inspiration aus der geistigen Welt. Bei einer Künstlerin sagt man gerne, bei dem, was sie tut, sei sie inspiriert. Dieses Wort gefällt mir sehr. Denn wörtlich übersetzt, würde es «Einhauchung» heißen. Auch Wissenschaftler werden davon immer mal wieder heimgesucht. Eine berühmte Einhauchung war Albert Einsteins Relativitätstheorie. Vom großen Physiker des zwanzigsten Jahrhunderts wird erzählt, dass ihm bei seiner Arbeit im Berner Patentamt ein Gedanke gekommen sei: «Wenn sich ein Mensch im freien Fall befindet, wird er seine eigene Schwere nicht empfinden können.»[7] Darauf folgten Überlegungen zu einer Fahrt in einem Fahrstuhl, der in freiem Fall nach unten rast. Diese Eingebung bescherte Einstein und schließlich uns allen die Grundlage für die Relativitätstheorie.

Die meisten Menschen kennen es, eine Eingebung zu bekommen, sind sich dessen aber nicht bewusst. Denn ähnlich wie bei der Intuition geschieht es einfach. Das Schwierige daran ist, die Intuition und die Eingebung von der Fantasie zu unterscheiden. Denn sobald wir mit unserer Wahrnehmung in die Ebene der geistigen Welt vorstoßen, ist die Möglichkeit, dass wir uns etwas zusammenreimen, groß. Unser Wunsch nach Anerkennung, Sinn, frei von Verletzung zu sein, Macht und so weiter, lässt uns die unglaublichsten Dinge «wahrnehmen» oder glauben. Wir können für diese Bedürfnisse sogar mit den besten Absichten, also ohne es zu wollen, uns selber oder jemand anderem Schaden zufügen.

Vor einigen Jahren kam eine Frau zu mir in die Behandlung. Zuvor war sie bei einem Schamanen gewesen, der sie von einer «Besetzung» befreit haben sollte. Nun wollte sie, dass ich überprüfe, ob sie nun tatsächlich von der Besetzung befreit sei. Denn das Symptom, aufgrund dessen sie ihn aufgesucht habe, sei immer noch da. Auf die Frage, warum sie sich damit nicht an jenen Schamanen wende, antwortete sie, der sei unterdessen zurück in sein Heimatland gereist.

Nach dieser Sitzung habe ich mir viele Gedanken über die Geschichte dieser Klientin gemacht. Sie ist beileibe nicht die Einzige, die von Medien und Schamanen eine oberflächliche Erklärung für ein Leiden verpasst bekommen hat. Man kann darüber schmunzeln oder es ernst nehmen. Aber wenn man genau hinschaut, hatte er bei ihr nicht eine Besetzung entfernt, sondern er hatte ihr eine Erklärung gegeben, die sie aus der Verantwortung entließ. Vor der Behandlung hatte sie ein Problem mit Sucht gehabt. Der Blick des Schamanen auf sie veränderte ihren eigenen Blick auf ihr Leiden, und das auf eine meines Erachtens nicht unerhebliche Weise. Denn nun war eine Besetzung dafür verantwortlich, dass ihr Griff zur Flasche außer Kontrolle geraten war. Nicht allein das: Wenn da diese eine Besetzung war, so gab es ja vielleicht auch noch weitere. Und schon ist eine neue Abhängigkeit geboren: die Abhängigkeit von einem Schamanen oder von einem Medium, die sie vom

Übel befreien können. Dabei handelt es sich doch eigentlich um ein Problem, das einer Stärkung ihres freien Willens und ihrer psychischen Abwehrkraft bedarf, was weniger mit einer Besetzung als mit ihr und ihrem Leben zu tun hat. Durch die Diagnose «Besetzung» war sie nun überzeugt, dass die Sucht nicht in ihrer Verantwortung lag. Und damit nicht genug. Da die Behandlung noch nicht wirklich geholfen hatte, musste es in ihr weitere Besetzungen geben.

Ich kann mir vorstellen, dass dieses Vorgehen manchmal in der Tat jemanden aus einer Sucht befreien kann. Unser Geist ist mächtig, ihm kommt ein großer Anteil an Heilungsvorgängen zu. Ich spreche hier aber von der grundsätzlichen Annahme, dass wir, wenn uns etwas leiden lässt, besetzt sein sollen. Oder dass wir beeinflusst seien aus einem früheren Leben. Oder verwünscht. Oder verflucht. Dazu gibt es viele Ansichten, und hier wie dort ist bestimmt auch mal etwas Wahres dran. Aber grundsätzlich?

Grundsätzlich bin ich der Meinung, dass jeder Mensch einen Geist hat, der im Leben Wunder bewirken kann. Ich glaube, dass die Fähigkeit eines Schamanen darin liegt, Neugier für diese eigene innere Kraft zu wecken und damit einen Klienten zu sich selbst und zur Verantwortung für sich selbst zu lenken. Wobei ich das Wort Wunder nicht wirklich mag und es nur verwende, weil uns das Geschehen einer Heilung so vorkommt. Hinter einer Heilung, die ein Schamane oder ein Arzt in einem Klienten auslöst oder unterstützt, steckt viel Lernen und Wissen, und das Wort Magie würde das Ausmaß dieses Lernens und Wissens im wahrsten Sinne des Wortes nur entwerten.

Echte Schamanen wissen den Geist des Klienten und die Gefühlswelt so anzusprechen, dass dessen Selbstheilungskräfte angeregt werden und das Leben in Harmonie mit sich, mit anderen und diesen untereinander kommen kann. Warum andere untereinander? Wenn jemand zum Beispiel in einer Wohngemeinschaft mit vier anderen Leuten lebt, wobei zwei Bewohner nicht miteinander klarkommen, so wirkt sich das auch auf die andern aus. Es lebt sich für alle nicht ganz so wohl dort, wie wenn die beiden einen entspannten Umgang miteinander finden können.

Vor Kurzem kam Martina in Begleitung ihres Ehemanns Rico zu mir. In der Woche zuvor hatte sie einen Schamanen konsultiert und war von diesem behandelt worden.

Martina suchte Hilfe wegen Depressionen und einer koronaren Herzkrankheit. Abwechslungsweise erzählten Rico und sie mir, was sich während der Sitzung und danach zugetragen hatte. Wobei Rico mehr den Teil des Erzählenden übernahm, während Martina still dasaß wie ein Flämmchen, das im Kerzenwachs zu ertrinken drohte. Auf Ricos Nachfragen nickte sie oder ergänzte kurz etwas.

Der Schamane hatte ihr erklärt, sie habe viele «Löcher in der Aura» und ihr Energiefeld sei klein und verkümmert. Mit ihren Herzproblemen wolle sie ihren Mann an sich binden, und das sei für beide nicht gesund. Überdies seien sie karmisch miteinander verstrickt, doch er könne ihnen helfen, die Verstrickung zu lösen. Daraufhin arbeitete der Schamane mit Martinas Aura, indem er im Abstand von rund zehn Zentimetern zu ihrem Körper seine Hände durch ihre Aura gleiten ließ.

Zu Hause bekam sie einen Druck auf der Brust, sie rang mit Atemnot und Angst. Rico rief den Schamanen an, um zu fragen, ob das üblich sei. Und verärgert fügte er an, wie er dazu komme, dass zwischen ihm und Martina karmische Verstrickungen zu lösen seien. Der Schamane erklärte, so eine Erstverschlimmerung könne es immer mal geben. Das werde sich bald wieder legen. Bei Behandlungen gebe er nur wieder, was ihm die geistige Welt auftrage mitzuteilen.

Tage- und nächtelang drehte und wendete Martina in sich die Aussage, dass sie Rico mit ihren Herzproblemen an sich binde, und sprach mit ihrem Mann über die Frage, was mit karmischer Verstrickung eigentlich gemeint sei. Damit gossen sie Öl ins Feuer der Zweifel darüber, ob ihre Partnerschaft, die sich im Verlauf der Jahre allzu sehr eingespielt hatte, noch das Richtige für sie beide war. Martina und Rico waren bis dahin der Überzeugung, dass ihre Partnerschaft auf Zuwendung und gegenseitigem Vertrauen basiere.

Martina wartete darauf, dass sich die Heilung der Löcher in ihrer Aura nun positiv bemerkbar machen würde. Doch statt geheilt, fühlte sie sich mehr und mehr in Schuldgefühlen gefangen, bis ihr Blutdruck immer häufiger entgleiste und vermehrt Druck auf der Brust auftrat. Nach einer besorgniserregenden Woche entschieden die beiden, dass es Zeit sei, eine Zweitmeinung einzuholen. So kamen sie über eine Empfehlung zu mir.

Ein solches Anliegen ist für mich immer sehr

heikel. Zum einen möchte ich keinem Schamanen in seine Arbeit reinpfuschen, zum andern ist das Gesagte bereits gehört und aufgenommen. Dies lässt sich nicht ungeschehen machen. Ich kann nur versuchen, ob sich mit dem Gehörten eine neue Richtung einschlagen lässt, in eine stimmigere Interpretation.

Erstverschlimmerungen gibt es tatsächlich immer mal wieder. Diese versetzen das System sozusagen in einen Ausnahmezustand. Dazu muss ich vielleicht kurz erklären, dass unser Körper und unsere Psyche, wenn sie lange chronisch krank gewesen sind, eine Krankheit als «normal» einordnen und sich damit arrangieren. Bei einer Erstverschlimmerung erinnern Körper und Psyche sich daran, dass etwas nicht stimmt, und aktivieren dadurch wieder die Selbstheilungskräfte. Das System beginnt gewissermassen gegen etwas anzugehen, was zuvor nicht mehr aufgefallen war und als normal eingeordnet wurde.

Bei einer koronaren Herzkrankheit sind die Herzkranzgefässe verengt. Da ist es bestimmt nicht sinnvoll, einen Menschen, der daran leidet, in Stress zu versetzen. Das ist gefährlich und kann sogar tödlich enden. Mitten in der Sitzung musste Martina zur Toilette. Da ergriff Rico die Gelegenheit und setzte zu den Fragen an, die ihm ganz offensichtlich auf der Zunge brannten und mit denen er seine Frau aber nicht weiter in Aufregung versetzen wollte: «Was sind das überhaupt für Kräfte, die von dem Schamanen angerufen wurden, und woher weiß ich denn, dass ich den Mitteilungen dieser Kräfte vertrauen kann?»

Was für gute und wichtige Überlegungen! Im Grunde genommen fragte er danach, was es ist, das eine Schamanin oder einen Schamanen vertrauenswürdig macht. Woran erkennt man diese Qualitäten bei einer Ärztin, Psychotherapeutin, Lehrerin und so weiter? Eine grundsätzliche Voraussetzung ist: Hat er oder sie eine ernst zu nehmende Ausbildung durchlaufen? Bei Schamanen bedeutet das in der Regel: Hat sie oder er über mehrere Jahre unter den Fittichen einer erfahrenen Schamanin oder eines erfahrenen Schamanen gearbeitet? Am besten in einer Eins-zu-eins-Konstellation. Angehende Schamanen sollten auch vom Diesseits lernen, nicht bloß vom Jenseits. Sie sollten sich von einem Zeitgenossen, der viele Jahre Erfahrung und Wissen in dieser Arbeit gesammelt hat, begleiten lassen, sich anhand von fundierten, wissenschaftlichen Studien und von Menschen, die sich ausgiebig mit einem bestimmten Thema befasst haben, weiterbilden. Es gibt immer etwas zu lernen, und Bescheidenheit, finde ich, steht sowohl einer Lehrenden als auch einem Lernenden gut an. Bei dieser Arbeit davon auszugehen, dass man so wenig wie möglich über den Verstand von Heilkunde wissen sollte, um für Eingebungen aus der geistigen Welt offen und empfänglich zu sein, ist schlichtweg fahrlässig. Durch Rückschauen in Leben zuvor oder in das aktuelle eigene Leben beschäftigen wir uns mit dem, was sich nicht verändern lässt. Wenn solch eine Rückschau an der Oberfläche bleibt, führt das zwangsläufig zu Frust, Hilflosigkeit oder zu einem Abwälzen von Verantwortung auf andere, also auf Eltern, Freunde, böse Geister, frühere Leben und so weiter. Manch ein Klient meint, wenn er einmal herausgefunden habe, woher ein Problem in seinem

Leben rührt, so sei die leidige Sache auch schon behoben.

Doch die Rückschau sollte als das verstanden werden, was sie ist: ein Hilfsmittel zur Diagnose. Wesentlicher als die Rückschau ist die Vorschau in die Zukunft. Bei einem echten Schamanen geht es von der oberflächlichen Information «Besetzung» stets in die Betrachtung einer möglichen Zukunft. Also nicht nur in das, was ist, sondern vielmehr in das, was sein könnte. Und daraus folgt die Therapie: Was kann die Klientin tun, um das, was sie für sich als mögliche Veränderung sieht, in ihr Leben einzulassen? Insofern kann eine Aussage wie «Ihr seid karmisch miteinander verstrickt» nur den Beginn einer Therapie einleiten. Eine solch oberflächliche Erklärung muss demnach kritisch betrachtet werden, und sie kommt in der Regel bei echten Schamanen nicht vor.

Ich würde gerne den betreffenden Schamanen zurückfragen, ob er denn selber verstehe, weshalb er seiner Klientin eröffnete, sie habe «Löcher in der Aura». Und ich würde gerne wissen, was für Heilimpulse er mit dem Hinweis setzen wollte, dass sie ihren Mann mit ihren Herzproblemen an sich binde. Wer übernimmt die Verantwortung für solche Aussagen? Die geistige Welt? Die Klientin? Wie vertrauenswürdig ist ein Schamane, der aus einer Haltung heraus agiert von «Ich gebe nur wieder, was die geistige Welt mir aufgetragen hat zu sagen»?

Zum Interessengebiet eines Schamanen sollten nicht nur die geistige, sondern auch die physische und psychische Welt gehören. Und vor allem das Zusammenspiel dieser Bereiche. Was trägt es zur Heilung bei, von Löchern in der Aura zu reden?

Niemand kann eine solche Aussage bestätigen. Kein Spiegel der Welt lässt mich so etwas bei mir selbst sehen und erkennen. Da hat man einem Schamanen einfach zu glauben. Und wenn ich es glaube: Wie kamen die Löcher dort hin? Wie bekomme ich sie von dort wieder weg? Und wie kann ich aus der karmischen Verflechtung mit meiner Frau in eine liebevolle Beziehung finden?

Wäre es nicht geboten, daran zu denken, dass für diese Klientin ein hoher Blutdruck lebensgefährlich ist? Zu berücksichtigen, welche Aussagen jemanden beunruhigen können? Beunruhigung lässt das Herz schneller schlagen, worauf der Blutdruck, je nach Typ, drastisch hochschnellen kann. Normalerweise ist das kein Problem. Aber bei einer Klientin mit einer Verengung der Herzkranzgefässe kann das lebensgefährlich sein.

Das sind Dinge, die man in einer Ausbildung lernt oder sich später aneignet. Als Botin zwischen den Welten beziehe ich meine Informationen möglichst aus beiden Welten. Und wer nicht in Trance arbeitet, wer also keinem Geistwesen das Steuer überlässt, arbeitet mit der geistigen Welt zusammen. Es sollte selbstverständlich sein, dass Schamanen und medial Arbeitende sich fortwährend auch in medizinischen und psychologischen Kenntnissen über Mensch und Natur weiterbilden. Es sollte selbstverständlich sein, dass wir nicht aufhören, unsere kommunikativen Fertigkeiten zu schulen. Vor allem dürfen wir in der Beratung nicht vergessen, dass Gespräche einen essenziellen Einfluss auf unser Fühlen und damit auch auf unsere Identität haben.

Wenn ich mit einem Klienten arbeite, behalte ich stets die Frage im Hinterkopf: Wie hoch ist die Wahrscheinlichkeit, dass eine Information, eine Frage, ein Gebet, ein Impuls, eine Berührung auf längere Sicht heilend wirkt? Diese Abwägung ist gar nicht so einfach, und eine Schamanin wird mit den Jahren dank Erfahrung, Selbstreflektion und Feedback immer besser.

Hierzu ein Beispiel: In einer Weiterbildung von mir meldete sich Tina zu Wort. Sie war bei einer medialen Beraterin gewesen, die mit dem Pendel zwei Begebenheiten aus ihrem Leben ermittelt hatte. Die eine Begebenheit war, dass sie von ihrem Vater als Baby an einem Bein aus dem Bettchen hochgehoben und kopfüber geschüttelt worden war. Sie erzählte es ganz bewegt und ließ uns wissen, dass sie zum ersten Mal diese konkrete Geschichte aus ihrem Leben mit einer Gruppe geteilt habe. Dass sie eine Vergangenheit voller Übergriffe und Missbrauch hinter sich habe und sich vom Medium gesehen und bestätigt fühle. Eigentlich war sie mit Schulterschmerzen zu ihr gegangen. Die Beraterin habe an einem gewissen Punkt des Pendelns «Oh!» gesagt, woraufhin Tina wissen wollte, was sich zeige. Das Medium gab nur nach ausdrücklichem Wunsch von ihr die Geschichte preis.

Tina kämpfte beim Erzählen der Geschichte vor der Gruppe sichtlich mit Scham, und sie unterstrich die Echtheit ihrer Erzählung, indem sie uns wissen ließ, dass das Medium ein hohes Ansehen genieße.

Während sie sprach, merkte ich, wie sich in meinem Innern zwei Richtungen auftaten. Aufbauend auf meinem Mitgefühl mit ihr, meinem Wissen und meiner Erfahrung als ausgebildete Therapeutin, war es mir klar, dass ich sie mit ihrem Bericht erst mal ankommen lassen musste. Dass ich ihrem Wunsch, sich im Schmerz, mit dem sie sich so viele Jahre einsam gefühlt hatte, gesehen und gehört zu fühlen, nachkommen musste. Es war mir klar, dass wir, die Weiterbildungsgruppe, ihr für einen Zwischenhalt einen Hafen boten, in den das Schiff erst mal einlaufen und Anker setzen konnte.

Mein zweiter Impuls kam von meiner schamanischen Seite und führte in eine andere Richtung. Eine Eingebung, die einiges an Risiko mit sich brachte, andererseits aber auch die Möglichkeit, dass Tina in ihrer eigenen Wahrnehmung bestärkt wurde. Sie erzählte ja nicht von sich, sondern von dem, was die Beraterin über sie gesagt hatte. Die Eingebung lotste mich dahin, dass ich Fragen zur Beraterin stellen wollte. Dass ich ihren Wunsch, die Aussagen des Mediums zu bestätigen und ihren Schmerz zu würdigen, erst mal nicht beantworten sollte. Ich sollte ihre Aufmerksamkeit liebevoll und achtsam von der Geschichte weglenken und ihr damit eine Erfahrung ermöglichen, die ihr Ich wieder zum Tragen bringen würde.

Mir war bewusst, wie heikel das war. Sie würde im besten Fall wütend auf mich werden, mein Nichteingehen auf ihre Bedürfnisse als Impuls nehmen, wodurch sie innerlich mit sich ringen würde, äußerlich aber mit mir. Ihr Gefühl für Selbstbestimmung würde dadurch hervorgelockt, und sie würde erleben, dass man nicht niedergemacht oder verlassen wird, wenn man klare Grenzen setzt. Im schlechtesten Fall würde sie meine Intervention als Verletzung aufnehmen, sie würde das Seminar verlassen und mir nicht mehr vertrauen.

Ich war hin- und hergerissen. In mir schwankte ich zwischen den beiden möglichen Richtungen. Schließlich folgte ich meiner Eingebung. Ich fragte sie, ob sie sich an diese Begebenheiten selbst erinnere. Und ich wollte wissen, wie genau die mediale Beraterin diese Geschichte mit dem Pendel ermittelt hatte und ob ihr Schmerz in der Schulter verschwunden sei. Ich sprach über den Unterschied von Geschichten, die mir jemand anderes über mich erzählt, und Geschichten, die ich selbst über mich erzähle. Mit einem Mal stand sie auf, und wütend verließ sie den Raum. Darauf folgten Stunden, in denen ich hoffte, dass sie nicht ihre Koffer packen würde, während ich mit den Teilnehmerinnen des Kurses weiterarbeitete.

Nach dem Mittagessen kam Tina zurück in die Gruppe und ergriff das Wort. Noch immer war sie sichtlich erregt, sehr klar aber sagte sie: «Weißt du, dein Timing war total daneben. Ich hätte es gebraucht, dass du mich in meiner Geschichte wertschätzt. Dass du mir erst mal einfach glaubst. Ich habe allzu sehr das Gefühl, dass Menschen meinen, ich würde das alles nur erfinden, und ich hoffte, bei dir könnte ich die Erfahrung machen, dass du mir glaubst.» Ich war beeindruckt von ihrer Klarheit und davon, dass sie ihre Worte zwar immer noch wütend, aber frei von zerstörerischer Aggression vorbrachte. Ich antwortete: «Ja. Das war in der Tat ein schlechtes Timing. Das tut mir leid.»

Nun war es erst mal still. Es tat mir wirklich leid, und gleichzeitig war ich voll der Freude darüber, dass sie sich gewehrt hatte. Da steckte nun keine mediale Beraterin dahinter, die ihr sagte, was Sache ist.

Das kam von ihr. Da war gerade die Möglichkeit geboren worden, dass sie sich wehrte, dass sie Grenzen setzte. Und dass sie daraufhin von mir vernahm: «Es tut mir leid.»

Das Risiko, dass meine Intervention hätte danebengehen können, war hoch. Sie hatte den Impuls aber für sich nutzen können. Die Abwägung, die ich innert Sekunden vorzunehmen hatte, ist heikel. Denn beim Impulsesetzen über Sprache, Berührung, rituelle Heilarbeit und so weiter geht es nicht einzig darum, was gerade in diesem Moment und in dieser Situation hilft, sondern auch darum, was über den Moment und über die Situation hinaus hilft. Manchmal ist es wichtig, zurückzuschauen und zu erkennen, woher etwas kommt, um zu entscheiden, was es in der Gegenwart zu befrieden und zu verändern gilt. Und manchmal ist das Zurückschauen keine Hilfe, sondern es verstärkt im Gegenteil das Gefühl der Ohnmacht, der Machtlosigkeit. Es geht immer um ein ganzes Netz von Zusammenhängen.

Mit ein Grund, warum ich die schamanische Arbeit so liebe, ist es, dass sie sämtliche Ebenen anspricht. Ich darf dabei alle Sinne einbeziehen. Ich darf mit Räuchern dem Geruchsinn erfahrbar machen, dass ich mit diesem oder jenem unterstützenden Kraut etwas reinige oder eine Räucherung nutze, um den Geist zu weiten. Ich kann für jemanden mit meinem Gesang Berührung, Zuwendung, Wertschätzung hörbar machen oder mit der Trommel einen Rhythmus schlagen, der das Gehirn auf eine Weise beeinflusst, dass man ein kleines bisschen von sich selbst entrückt und in innere Welten eintaucht. Ich darf Tanz und

Berührung auf eine Art nutzen, die eine gesunde Verbindung mit dem Körper wiederherstellt. Ich darf mein Gegenüber aber auch dabei unterstützen, im Denken durch den Verstand eine neue Ordnung zu schaffen. Zudem wirkt in der rituellen Heilarbeit das «Unvorhersehbare» und «Unberechenbare» so manches Mal wie ein «Geschenk des Himmels».

Aber noch einmal: Diese Werkzeuge allein machen noch keinen Schamanen. Sie sind die Träger unserer Medizin. Heilung aber findet im Klienten statt. Im Klienten finden die Entscheidungen, Interpretationen, Gefühle, Wünsche und Sehnsüchte zu einem lebendigen, sich stets verändernden Ganzen zusammen. Heilen ist eine Kunst, bei der es darum geht, dem Klienten dabei zu helfen, sich von dem zu befreien, was ihn in seiner Lebensbahn aufhält und Leiden erzeugt. Und so schön unser Bild von Befreiung, vom Freisein auch zu sein scheint, so oft meldet sich die Angst, wenn man an der Schwelle steht, um den Sprung ins Unbekannte zu wagen. Wenn man drauf und dran ist, sich dem Fluss von Sterben und Werden anzuvertrauen und Veränderung zuzulassen. Denn Heilung bedeutet immer auch Veränderung. Und Veränderung bedeutet immer auch Befreiung. Fragt sich: «Befreiung von was?» Und: «Frei werden wozu?» Oft kommen Denkweisen, Fühlweisen und Verhaltensweisen zum Vorschein, die es gilt, loszulassen, zu verändern oder sich von äußeren Einflüssen abzugrenzen, mal Nein oder Stopp zu sagen. Freiwerden heisst aber manchmal auch genau das Gegenteil: annehmen, akzeptieren, zu sich nehmen. Manchmal befreien wir uns, indem wir etwas nicht mehr von uns weghaben wollen, sondern indem wir es annehmen. Oder, indem wir einfach nur umdenken.

Kürzlich kam eine Klientin zu mir, die zu weinen begann, kaum dass sie vor mir auf dem Stuhl saß. Sie bat mich, ihr aus dem Gefühl des Opferseins zu helfen. Ihre Psychiaterin habe ihr unter anderem die Diagnose «erlernte Hilflosigkeit» gegeben. Mittlerweile sei sie in Rente und alles andere denn glücklich. Dann legte sie ein großes, mit Kreisen markiertes und beschriebenes Blatt auf den Boden. Darauf hatte sie in einer Art von Mindmap festgehalten, wer und was ihr in ihrem gegenwärtigen Leben wichtig ist, was sie mag oder was ihr schwierig erscheint. Sie erzählte, dass sie einige Male in ihrem Leben die Arbeitsstelle verloren habe, sich aber jeweils wieder woandershin beworben habe, worauf sie ein paar Jahre am neuen Arbeitsort blieb, um wieder gekündigt zu werden. Sie erzählte von ihren Familienmitgliedern, die Schwierigkeiten haben, im Leben Fuß zu fassen. Als sie nach etwa vierzig Minuten in ihrer Erzählung über ihr Leben innehielt, fragte ich sie, ob es o. k. sei, wenn ich ihr eine Rückmeldung darauf gebe, wie ihr Bericht bei mir ankomme. Sie nickte, und so antwortete ich ihr, dass ich in ihrer Schilderung nicht die Geschichte einer Versagerin erkennen könne, sondern die Geschichte von jemandem, die viele Rückschläge erlebt habe, die gefallen und wieder aufgestanden sei. Nun aber frage ich mich, wie sie es nur immer wieder geschafft habe, weiterzumachen. Sich einen neuen Arbeitsplatz zu suchen. Wie sie ihr Herz wieder und wieder in die Hand nahm und nicht aufgab. Ich sagte ihr, dass ich beim besten Willen kein hilfloses Opfer vor mir sehen könne. Im Gegenteil. Sie habe sogar eine Mindmap mitgebracht. Das zeuge doch von einem Menschen, der etwas will, von jemandem, die zwar müde zu sein scheint vom vielen Aufstehen, die aber den Willen habe, sich nach einer Ruhepause wieder in den Fluss Leben zurückzubringen.

Wenn ihr Gesicht und ihr Körper eine Landschaft gewesen wären, so durfte ich nach diesen Worten Zeugin von einem Sonnenaufgang sein. Ihre Wangen bekamen einen rosigen Teint. Ich konnte beobachten, wie in ihr ein Umbau im Denken stattfand, der bis an der Oberfläche, auf der Haut, sichtbar wurde. Vor meinen Augen befreite sie sich von der Überzeugung, dass sie eine Versagerin sei.

Nach dieser Sitzung rief mich eine Psychotherapeutin an, die auch schon bei mir in Behandlung gewesen war. Sie umriss kurz die Geschichte einer ihrer Patienten und fragte, ob sie ihn zu mir schicken könne. Er sei blockiert. Er brauche eine Art von Impuls, wie sie ihn dem Mann nicht geben könne. Wie liebe ich doch solche Anfragen! Psychotherapeuten, Psychiater und Therapeuten, welche die Hand bieten zu solch einer Zusammenarbeit, sind noch immer rar. Die Angst, dass sie die Anerkennung der Kollegen und das Vertrauen der Klienten verlieren, ist hoch. Denn die Vorurteile gegenüber allem, was mit geistiger Arbeit zu tun hat – außer gegenüber anerkannten Ämtern innerhalb anerkannter Religionsgemeinschaften –, sind groß.

Vor ungefähr einem Jahr kam ich bei einem Apéro mit einem Arzt ins Plaudern. Irgendwann fragte er mich: «Was machen Sie denn beruflich?» Ich weiß ja, dass es immer noch viele Menschen sofort in wilde Fantasien versetzt, wenn ich Worte wie «schamanisch» oder «heilend» fallen lasse. Und so gebe ich meistens erst mal locker flockig preis, dass ich Sängerin bin. Das erfreut dann im Regelfall mein Gegenüber und ermöglicht ein Gespräch über Gesang, die Sehnsucht, singen zu können, und verschiedene Richtungen von Musik. An diesem Abend aber beschloss ich aus einer guten Laune heraus, ihm unumwunden direkt ins Gesicht zu sagen, dass ich schamanisch arbeite. Ich konnte gerade noch an meinem Glas nippen, da drehte er sich um und weg war er!

Wenn ich meine Augen schließe und mir die beste Version des Gesundheitswesens vorstelle, dann führt mich die Vorstellungskraft in eine Klinik, wo Schulmedizin, Naturmedizin und geistiges Heilen Hand in Hand arbeiten. Wo Ärzte, Psycho-, Kunst-, Musik-, Ergo-, Physio- und all die vielen andern Therapeutinnen, Schamanen und geistige Heilerinnen sich ergänzen. Wo die spirituelle Dimension genauso viel Gewicht bekommt wie das körperliche und emotionale Befinden.

Die schönstmögliche Zukunft liegt in einem Miteinander. Und für dieses Miteinander gilt es noch viele Schritte zu tun, die aufeinander zu führen. Einer dieser Schritte liegt in der Ausbildung von Schamaninnen und Schamanen. Ich wünsche mir, dass anderen Schamanenbabys auch solche Fügungen zuteilwerden, wie sie mir zuteilgeworden sind. Dass sie das Glück haben, einer so guten Lehrerin, wie ich sie haben durfte, zu begegnen, und dass sie möglichst lange von ihr lernen können. Denn das Lernen hört nie auf.

EPILOG

Sechs Jahre lang habe ich an diesem Buch geschrieben. Bei der eher bescheidenen Anzahl von Seiten kann einem schon die Frage kommen: Ja, wofür um Himmels willen hast du denn sechs Jahre gebraucht? Es ist nicht so, dass ich so lange an Wörtern und Sätzen geschliffen hätte. Vielmehr hat es mich enorm viel Überwindung gekostet, das Tabu zu brechen, von mir als Schamanin zu sprechen. Immer wieder landete der Text in der Schublade und wartete auf einen nächsten Moment, in dem ich einen Anlauf nehmen und weiterschreiben konnte.

Und jetzt, da ich mit dem Manuskript durch bin, fühlt sich die Entscheidung, es meinem Verleger zu überlassen und es meinen Lesern anzuvertrauen, fast so an, als würde ein Lächeln mein Inneres erfassen.

Jetzt habe ich es doch geschafft: von mir zu sagen, dass ich ... äh ... dass ich ... dass ich Menschen dabei unterstützte, mehr Zufriedenheit in ihrem Leben zu finden. Dass ich meinen Weg finde und dass mich mein Weg immer wieder auf jene schmale Linie führt, die den heiligen Grat zwischen zwei Welten bildet. Oder anders gesagt: Als ich Teenager war, hatten wir noch ein Telefon, das an der Wand befestigt war. Das World Wide Web war noch nicht erfunden. Die Welt und der Zugang zu Informationen waren beschränkt auf Zeitungen, Fernsehen, auf die Menschen, mit denen man sprach, und auf Informationen vom Hörensagen. In der Kleinstadt, in der ich zur Schule ging, waren Schweizer Schweizer. Unter ihnen lebte ich, die einen Namen trägt, der neugierig macht: Orna? Von wo kommt dieser Name? In meiner Teenagerzeit waren mir Fragen nach Identität und Zugehörigkeit immer irgendwie unangenehm Als ob ich, wenn ich mich für etwas entscheide, das andere, was auch noch da war, verraten würde. Und wenn man beides nennt, wird man oft darauf reduziert, dass man nichts richtig sei. Bin ich Jüdin oder bin ich Christin? Bin ich Schweizerin, Engländerin oder Israelin? Bin ich Hetero oder Homo? Huhn oder Adler?

Und dann traf ich mit 22 diesen einzigartigen Percussionisten. Mein Bruder studierte damals an der Filmhochschule in Budapest, und er ermöglichte mir, meine erste kleine Single aufzunehmen. Mit Topmusikern aus Ungarns Weltmusikszene. Das war vielleicht aufregend. Ich durfte Lieder, die ich selber komponiert hatte, von den Besten einspielen lassen! Das war für mich wie ein Ticket ins Paradies. Mit meinen 22 Jahren war ich auf einmal mit gestandenen Profimusikern konfrontiert, die bereit waren, mit mir Pferde zu stehlen und «eigenartige, spannende» Ideen umzusetzen. Da saß ich mit diesen aus meiner damaligen Sicht alten Männern und durfte meine Vorstellungen und Wünsche formulieren, ihren Ideen lauschen und beobachten, wie echte, erfahrene Profis ans Werk gingen.

Vom Percussionisten war ich besonders angetan. Er hatte etwas an sich, das mich nicht nur musikalisch, sondern auch menschlich faszinierte. Ich genoss es, ihm zuzuhören, ihn zu beobachten und mich zu fragen, was es bloß war, das ihn für mich so interessant machte. Und dann, während ich ihm beim Aufstellen seiner Instrumente zuschaute, wurde mir auf einmal klar, was es war. Er brachte es fertig, ein Paradox in sich zu vereinen. Er war sich bewusst, dass er herausragend war. Dass er einer der Besten, ein Meister seines Fachs war, und gleichzeitig war er sich bewusst, dass er ein kleiner unbedeutender Tropfen im grossen Ozean war. Ein Irgendwer. Es war, wie wenn er beides im Gleichgewicht nicht nur im Bewusstsein, sondern auch in seiner physischen Präsenz verinnerlicht hätte und vollkommen im Frieden damit war. Für ihn war dieser Zustand kein Glaubenssatz oder Ideal. Das war er. Ein grundbescheidener und gleichzeitig stolzer, selbstbewusster Mann. Das stieß etwas an, wofür ich bis heute dankbar bin: Ich bin nicht entweder oder. Ich bin sowohl als auch und weder noch. Und das labile Gleichgewicht dessen ist der Grat. Die schmale Linie dazwischen. Der Ort, von dem aus die Schamanen und die heiligen Narren ihre Weisheit beziehen.

Am Anfang
war der Atem
der leise kommt und geht.
Dann löste sich ein Wort
und um das Wort
legten sich die Sätze.

Da waren es Geschichten.

Und aus den Geschichten
schälten sich Gedichte
aus denen Worte
zu einem Wort

nun unaussprechlich dankbar
in den Atem
sich bescheiden.

Du gehst
und Du kommst.

Dank

Martin Frischknecht, ohne dein kühnes Auf-mich-Zugehen hätte ich wohl nie und nimmer dieses Büchlein verfasst. Für mich bist du ein vom Himmel gesandtes Geschenk, das mich mich selber hat entpacken lassen. Danke für deine Freundschaft und deine tolle sprachliche Begleitung.

Meinen Gegenlesern Karin und André Pammé danke ich für die stete Ermutigung und Freude an meiner Sprache und für ihr stetes Nachfragen, ob ich denn weitergeschrieben habe und was.

Marion Roberta Neudeck danke ich für ihr Sich-berührenlassen von meiner Geschichte und die Liebe zu Gereimtheiten, das unbändige Interesse mehr zu erfahren.

Marie-Rose Lüthi, danke, dass du mir die Ehre erwiesen hast, erste Gegenleserin eines halbfertigen Manuskripts zu sein, und du mir mit deiner ehrlichen und beherzten Art viel brauchbares Feedback zum Weiterschreiben gegeben hast.

Barbara Burkhardt danke ich für die Überprüfung, wie nah ich bei meinen Schilderungen an den Tatsachen geblieben bin, und für unsere Freundschaft, die schon so viele Kurven genommen hat.

Den TeilnehmerInnen der Weiterbildungen «Ruach» und «Asherah» danke ich für ihr unermüdliches Nachfragen, ob ich an meinem Buch noch dran sei und wann es denn erscheinen werde.

Ich danke den Klientinnen, welche sich die Mühe gemacht haben, mir zu beschreiben, wie ich aus ihrer

Sicht arbeite und was die Arbeit bei ihnen bewirkt. Diese Texte haben es leider nicht ins Buch, dafür aber in mein Herz geschafft.
Den Menschen, die mir erlaubt haben, meine Arbeitsweise anhand ihrer Geschichten anonymisiert wiederzugeben, danke ich für ihr Vertrauen und ihre Großzügigkeit.
Zu guter Letzt danke ich Wai Turoa-Morgan, dass ich eine von zwei Schamanenantöchtern sein konnte, die so nah und lange bei ihr lernen durften.

Anmerkungen

1) Mediale Begabung könnte man kurzgefasst als Wahrnehmung der Nichtalltäglichen Welt beschreiben. Moses hat durch den brennenden Dornbusch Gottes Stimme vernommen, die ihm befahl, die Israeliten aus der Knechtschaft zu führen. Maria hat von Erzengel Gabriel von ihrer Mutterschaft erfahren, den Namen für ihr Kind vernommen und dessen Bestimmung erfahren. So kann sich eine mediale Begabung bemerkbar machen.

2) Die Aura ist ein Feld, das uns umgibt. Man kann sich dabei einen Ofen im Winter vorstellen. Man spürt ein Feld, in dem die Wärme über den Ofens hinaus wahrnehmbar ist. Das ist, sehr vereinfacht gesagt, die Aura.

3) Kohanim waren die Priester in den Tempeln im Alten Israel. Nicht zu verwechseln mit Rabbinern. Ein Rabbiner ist kein Priester, sondern Inhaber eines religiösen Lehramtes. Kohanim gelten als direkte Nachfahren Aarons, der ein Bruder von Mose war. Die Hauptaufgabe der Kohanim war das Darbringen der Opfer. Sie deuteten die Zeichen Gottes und verkündeten Gottes Willen.

4) Chasan ist der Vorbeter bzw. Vorsänger in der Synagoge.

5) Landläufig wird mit Intuition ein aus dem eigenen Innern Berührt-Werden bzw. Angerührt-worden-Sein, als auch eine göttliche Eingebung verstanden. Ich mache hier eine Unterscheidung zwischen dem, was aus dem eigenen Unbewussten kommt, und dem, was sozusagen von außen, unabhängig vom eigenen Unbewussten als göttliche Eingebung beschrieben wird.

6) Wenn das Unterbewusstsein so etwas wie der dunkle Raum zwischen den Sternen am Firmament ist, wäre das Unbewusste der innere Kosmos, in dem sich der Sternenhimmel und der dunkle Raum befinden. Das Bewusstsein wäre das, was wir erkennen können: die Sterne und das Dunkel. Was wir im Dunkel nicht erkennen können, ist uns nicht bewusst, also ist es unbewusst.

7) Abraham Pais datierte dieses Ereignis auf den November 1907. Raffiniert ist der Herrgott. Heidelberg 1998, S. 176.